"十三五"职业教育汽车类专业"互联网＋"创新教材

车身非结构件修复

主 编 王 群 周志巍

副主编 唐明斌

参 编 郑烨珺 何 涛 朱红妹

U0656298

机械工业出版社

"车身非结构件修复"是培养汽车车身修复工作岗位群实践技能的一门必修课程，是汽车车身修复专业课程体系的重要组成部分。本教材的主要内容包括安全防护、手工作业、损伤判断、拆装作业、车身小凹陷修复、防腐作业和新材料及修复工艺介绍七个项目。本教材以"数字资源"为支撑，凸显立体化、信息化，根据不同的知识特点，配置动画、视频等数字资源，并在相应的知识点附近配备二维码，学习者可以扫描二维码调取数字资源。

　　本教材既可以作为汽车车身修复专业或汽车运用与维修专业钣金方向课程教材，也可以作为职业技能、等级工考核培训教材。

图书在版编目（CIP）数据

车身非结构件修复 / 王群，周志巍主编. — 北京：机械工业
出版社，2020. 10（2024.8重印）
"十三五"职业教育汽车类专业"互联网+"创新教材
ISBN 978-7-111-66082-8

Ⅰ. ①车…　Ⅱ. ①王…②周…　Ⅲ. ①汽车—车体—
车辆修理—职业教育—教材　Ⅳ. ①U472.4

中国版本图书馆CIP数据核字（2020）第122923号

机械工业出版社（北京市百万庄大街22号　邮政编码100037）
策划编辑：曹新宇　责任编辑：曹新宇　谢熠萌
责任校对：樊钟英　封面设计：鞠　杨
责任印制：单爱军
北京虎彩文化传播有限公司印刷
2024年8月第1版第3次印刷
184mm×260mm·11.25印张·271千字
标准书号：ISBN 978-7-111-66082-8
定价：48.00元

电话服务　　　　　　　　　网络服务
客服电话：010-88361066　　机 工 官 网：www.cmpbook.com
　　　　　010-88379833　　机 工 官 博：weibo.com/cmp1952
　　　　　010-68326294　　金 书 网：www.golden-book.com
封底无防伪标均为盗版　机工教育服务网：www.cmpedu.com

前　言

　　本教材根据《国家职业教育改革实施方案》《教育信息化 2.0 行动计划》以及职业教育"1+X"证书制度改革的精神编写。"车身非结构件修复"是培养汽车车身修复工作岗位群实践技能的一门必修课程，是汽车车身修复专业课程体系的重要组成部分，是培养汽车钣金焊接维修技术人才必不可少的重要课程。通过本课程的学习，可使学生掌握车身非结构件修复技术，培养学生分析，判断以及修复车身损伤的基本能力，同时培养学生的逻辑思维能力和分析问题与解决问题的能力。

　　在教材开发的过程中，编写组坚持教材教学内容来源于实际工作任务的原则，与车身修复工作任务对接，以车身非结构件修复工作过程为教学过程。教材的目标是通过高度模拟实际工作内容的项目化课程培养综合素养高、技能优秀的汽车修复人才。本教材的教学内容以"项目导向"为编写主线对接实际工作任务，打破传统教材"篇、章、节"的编排方式，以学生需求为出发点设计模块化学习内容。

　　同时，教材以"数字资源"为支撑，凸显立体化、信息化，根据不同的知识特点，配置动画、视频等数字资源，并在相应的知识点附近配备二维码，学习者可以扫描二维码调取数字资源。

　　本教材的编写严格经过教材定位、调研研讨、编写初稿、专家论证等阶段，经过多位行业专家的指导，最终提炼出了 6 个典型工作项目，并增加了新材料及修复工艺介绍项目，各项目课时分配见下表。

项目	项目名称	课时
一	安全防护	8
二	手工作业	24
三	损伤判断	8
四	拆装作业	52
五	车身小凹陷修复	20
六	防腐作业	8
七	新材料及修复工艺介绍	12
合计		132

　　本教材由上海市曹杨职业技术学校王群和上海交通职业技术学院周志巍任主编，上海市曹杨职业技术学校唐明斌任副主编，世界技能大赛中国组专家叶建华任主审。上海市曹杨职业技术学校郑烨珺、何涛、朱红妹也参与了编写。本教材在编写过程中得到了上海大众核心职业能力提升培训团队陈云富以及上海景格科技有限公司的帮助，在此表示衷心感谢！

　　由于编者水平有限，书中难免存在不妥和疏漏之处，敬请各位读者批评指正。

编　者

V

（续）

（续）

序号	二维码及名称	页码	序号	二维码及名称	页码	序号	二维码及名称	页码
31	后保险杠组成	98	34	安装前保险杠总成	101	37	汽车车身材料	136
32	拆卸前保险杠总成	98	35	安装后保险杠总成	102			
33	拆卸后保险杠总成	100	36	拉拔修复作业	107			

目 录

项目一　安全防护

安全是指人不受威胁，没有危险、危害或损失。人类与生存环境、资源和谐相处，互不伤害，不存在危险隐患，免除了不可接受的损害风险的状态。安全是在人类生产过程中，将系统的运行状态对人类的生命、财产、环境可能产生的损害控制在人类能接受水平以下的状态。

本项目主要介绍安全防护的相关内容，主要包括车间布置要求与6S管理、钣金工人身安全防护以及钣金维修工具设备的安全操作。

任务一

车间布置要求与 6S 管理

任务目标

1. 描述汽车钣金车间的布置。
2. 列举维修车间驾驶车辆的安全规范、用电安全规范、消防安全规范。
3. 描述汽车维修企业管理内容与要求（6S 管理）。
4. 能够制订车间 6S 管理实施步骤。

任务实施

一、汽车钣金车间的布置

1. 工作区布置

汽车钣金车间具体布置要根据车间的实际工位决定，一般分为钣金加工检查工位、钣金加工校正工位、车身校正工位和材料存放工位。

事故车辆检查、车辆零部件拆卸、板件修理、车身测量校正、车身板件更换和车身装配调整等工作都可以在汽车钣金车间进行。

2. 气路、电路布置

车间要有一个压缩空气站，各个工位要有压缩空气接口，管路须沿墙壁布置，高度不超过 1m；也可布置在靠近车间顶板的位置。每个工位至少要留出 2 个接口，并安装开关，使用快速插头。汽车钣金车间内压缩空气的压强一般为 0.5~0.8MPa。

汽车钣金车间的用电量很大，电流一般都不小于 15A，而大功率的电阻点焊焊接电流不小于 30A，因此要在车间校正工位附近设置专用的配电箱供车身修复焊接用电，配电箱的位置距离车身校正系统不能超过 10m，以免因距离过长导致电路过热。

二、汽车维修企业管理内容与要求

"人造环境，环境育人"，企业创造良好的环境对员工素养的提升至关重要。6S 管理旨在打造安全、舒适、明亮的工作环境，提升员工真、善、美的品质，从而塑造企业良好的形象，实现共同梦想（图 1-1）。

图 1-1　6S 管理宣传图

6S 管理是 5S 管理的升级，包括整理、整顿、清扫、清洁、素养和安全，6S 管理是保证车间环境，实现轻松、快捷和可靠（安全）工作的关键。

1. 整理（SEIRI）

（1）含义　将工作场所内必要的东西与不必要的东西明确、严格地区分开来，不必要的东西要尽快处理。通过整理可以改善或增加作业面积，减少磕碰；有利于提高产品质量；消除管理上的混放、混料等差错事故；有利于减少库存，节约资金。

（2）实施要领

1）对工作场所（范围）进行全面检查，包括看得到和看不到的地方。

2）制订"要"和"不要"的判别规则。

3）将不要的物品清除出工作场所。

4）调查物品的使用频率，决定日常用量及放置位置。

（3）功效　一方面起最佳推销员作用——干净整洁的工厂才会让顾客有信心，乐于下订单并口口相传，提升车主对维修厂的信任度；另一方面，整洁明朗的环境能够让员工拥有一个轻松、快乐的工作心情。

2. 整顿（SEITON）

（1）含义　整顿是整理的更进一步工作。整顿是对整理之后留在现场的必需品分门别类后放置在指定的位置，排列整齐，以便方便快速地取得所需之物，并明确物品数量，进行有效标识。通过整顿，工作场所会变得一目了然，能马上发现异常情况并及时处理，节省寻找物件的时间，提高工作效率，减少浪费和非必须作业。

（2）实施要领

1）明确需要物品的放置场所。

2）物品摆放整齐、有条不紊。

3）地板划线定位。

4）场所、物品标示清晰。

5）物品摆放要节约空间、时间以及资源。

（3）功效　降低不必要的材料以及工具浪费，节省时间，降低工时，提高效率。

3. 清扫（SEISO）

（1）含义　将工作场所清扫干净；保持工作场所干净、整洁。

（2）实施要领

1）在室内外建立清扫责任区。

2）定期扫除，清理脏污。

3）调查污染源，对污染源予以隔离。

4）建立清扫基准行为规范。

（3）功效　安全保障者——创造明亮、清洁、开阔的工作场所；遵守堆积限制，使危险处一目了然；明确走道，保证工作顺利进行。

4. 清洁（SEIKETSU）

（1）含义　将整理、整顿、清扫三项内容制度化、规范化。

（2）实施要领

1）落实整理、整顿、清扫三项工作。

2）制订目视管理的基准。

3）制订考评方法。

4）制订奖惩制度，加强执行。

（3）制订执行任务，保证程序稳定、品质稳定、成本稳定。

5. 素养（SHITSUKE）

（1）含义　通过员工培训等方法，提高员工文明礼貌水准，增强团队意识，养成按规定行事的良好工作习惯。

（2）实施要领

1）制订公司有关规则、规定。

2）制订礼仪守则。

3）教育训练（新进人员强化 6S 教育、实践）。

4）推动各种精神提升活动（晨会，例行打招呼、礼貌用语等）。

5）推动各种激励活动，遵守规章制度。

（3）功效　打造令人满意的职场——创造明亮、清洁的工作场所，使员工有成就感，改善工作气氛。

6. 安全（SAFETY）

（1）含义　安全就是要维护人身与财产不受侵害，以创造零故障、无意外事故发生的工作场所。目的是保障员工的人身安全，保证生产能够连续、安全、正常进行，同时减少因安全事故带来的经济损失。

（2）安全推行的基本方法：

1）建立安全生产责任制：根据各层次、各部门相应的职能，建立安全生产责任制，使各层次、各部门的安全生产责任明确、有条理，体现"分级管理，分线负责"的原则。

2）制订安全管理制度：根据"安全生产，人人有责"的原则制订以企业安全生产责任制为核心的全厂性制度。

3）开展安全培训教育：利用各种宣传工具进行宣传，开展讲课、报告会和座谈会等活动。

（3）实施要领

1）建立健全各项安全管理制度。

2）加强员工安全教育培训。

3）做好各类安全标志。

4）定期巡视现场，消除安全隐患。

（4）分类

1）维修期间驾驶车辆时的安全。

① 安全驾驶，车辆在车间内移动时要按规定路线和速度行驶。

② 注意观察，确保没有人或物品挡住道路。

③ 停靠时应拉起驻车制动器，防止车辆移动。

④ 拔出车辆点火钥匙，防止其他人员起动车辆，造成不必要伤害。

2）维修期间检查车辆时的安全。

① 避免接触并远离旋转中的部件，防止造成严重伤害（图 1-2）。

② 手指远离处于拉伸状态的弹簧、发动机舱盖和车门的铰链弹簧，防止手指被弹簧夹伤或割破。

3）电气安全

① 修理电动设备和电动工具前应先断开电源，否则会有电击危险，严重的可能造成伤亡事故（图 1-3）。

② 保持地面无水。如果带电导线落入站有人的水坑中会带来电击危险；水能导电，因此在使用电动工具时必须保持地面干燥。

③ 确保电动工具和设备的电源线正确接地。如果电源线中的接地插头断裂，则应更换插头后再使用工具。

④ 定期检查电线的绝缘层有无裂缝或裸露导线，若有则应及时更换破损的电线。

4）消防安全。

车间防火：钣金车间中有各种易燃物品，在操作中也经常会产生明火，造成火灾。在车间修理操作时禁止吸烟、禁止烟火及堆放易燃物品，防火标志如图 1-4 所示。

钣金车间一旦发生火灾一定要使用灭火器按照安全操作规范正确、及时灭火。灭火器的使用方法如图 1-5 所示。

图 1-2　远离运动件

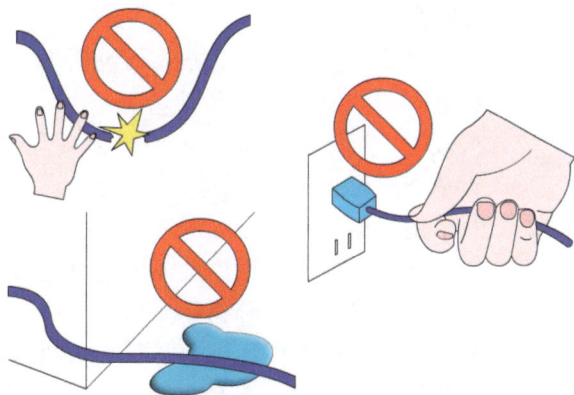

图 1-3　电气安全

禁止吸烟	禁止烟火	禁止堆放易燃物

图1-4 防火标志

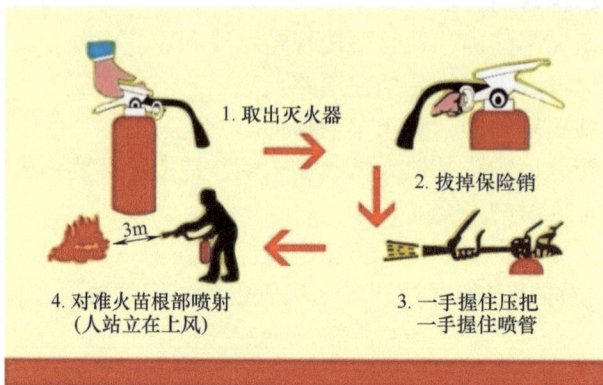

图1-5 灭火器的使用方法

任务练习

1. 判断题

1）清洁是对清扫后状态的保持。 （ ）

2）素养体现在员工的言行举止中，6S管理要求员工养成良好的行为习惯。 （ ）

3）修理汽油箱前，应用专用溶液或水清除油箱内的残余油气。但在清洗时不得吸烟，不得在旁边烘烤零件或点燃喷灯。 （ ）

4）汽车钣金车间一般分为钣金加工检查工位、钣金加工校正工位、车身校正工位和材料存放工位。 （ ）

5）配电箱的位置距离车身校正系统不能超过5m。 （ ）

2. 选择题

1）整理时非必需品的处理方式不包括（ ）。

 A. 修理、修复   B. 废弃   C. 改作他用   D. 置于仓库放置

2）整顿的三定原则不包括（ ）。

 A. 从场所标志和编号标志进行定位

 B. 从用途标记和功能标记进行定性

 C. 从最大量标记和最小量标记进行定量

 D. 从物架品目标记和物品品目标记进行定品

3）（ ）是将工作场所内必要的东西与不必要的东西明确、严格地区分开来。

 A. 整理   B. 整顿   C. 清扫   D. 清洁

4）（　　）是对整理之后留在现场的必需品分门别类后放置在指定的位置，排列整齐，以便能最快速地取得所需之物。

    A. 整理　　　　　　　B. 整顿　　　　　　　C. 清扫　　　　　　　D. 清洁

5）（　　）是标准化的推动者。

    A. 整理　　　　　　　B. 整顿　　　　　　　C. 清扫　　　　　　　D. 清洁

3. 简答题

1）在汽车钣金车间都可以进行哪些工作？

2）什么是 6S 管理？6S 管理都包含哪些内容？

3）整理工作的实施要领是什么？

4）清洁工作的实施要领是什么？

5）安全的基本推行方法有哪些？

任务二

钣金工人身安全防护

任务目标

1. 描述钣金工人身安全防护的作用。
2. 正确使用安全防护用品。
3. 列举车间安全生产准则。
4. 能够正确地选择并穿戴人身防护用具。

任务实施

一、呼吸器

1. 呼吸器类型（钣金作业用）

呼吸器种类繁多，不同的作业场合需要使用不同的呼吸器。按照功能和用途的不同，适用于钣金作业的呼吸器主要有四种，分别为供气式呼吸器、滤筒式呼吸器、焊接用呼吸器和防尘式呼吸器，如图 1-6 所示。

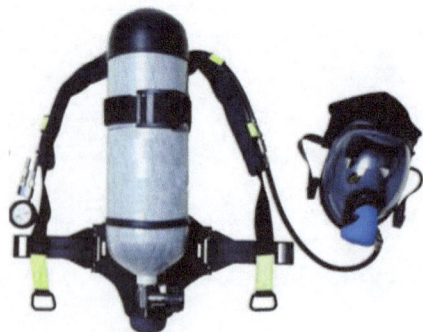

供气式呼吸器　　　　　　　　　滤筒式呼吸器

图 1-6　呼吸器类型

焊接用呼吸器　　　　　　　　　　　防尘式呼吸器

图 1-6　呼吸器类型（续）

2. 呼吸器的测试与维护

对于呼吸器来说，密封是非常重要的。密封性良好的呼吸器能防止污染空气进入人的肺部。使用呼吸器前要检查有无空气泄漏，并对呼吸器进行密合性测试，一般可采用负压测试和正压测试进行检测。

1）负压测试。严密封住滤芯并吸气，密合性良好时，面罩部分会随着正常的呼气从面罩中溢出。

2）正压测试。严密封住呼气器出气口并呼气，密合性良好时，面罩部分会鼓起，而空气不会随着正常的呼气从面罩中溢出。

3）将基醋酸盐靠近面部面罩的密封处，如果未闻到气味，则密封良好。

若使用呼吸器时感到呼吸困难或呼吸器到达更换周期，则应更换过滤器，一旦闻到溶剂的味道就应更换滤芯。应定期检查面罩，确保没有裂纹或变形。呼吸器应保存在气密的容器内或塑料自封袋中，保持清洁。

毛发过多会妨碍气密性，面部毛发浓密的维修人员应采用供气式呼吸器。

二、人身安全防护

1. 头部的防护

车身修理人员在进行修理操作时要佩戴安全帽（图 1-7），防止灰尘或油污污染，保持头发清洁以及头部安全。

2. 眼睛和面部的防护

进行修理操作时要佩戴防护眼镜、风镜、面罩（图 1-8）、头盔等眼睛和面部的保护装置。

图 1-7　安全帽　　　　　　　　　图 1-8　防护面罩

3. 耳朵的防护
在高噪声场所工作时需要佩戴耳塞或耳罩（图1-9）等耳朵保护装置。

4. 身体的防护
在车间内应穿着符合规范的连体工作服（图1-10），不能穿着宽松的衣服、未系袖扣的衬衫、松垂的领带以及披着的衬衫。

5. 手部的防护
在焊接时应戴上皮质手套（图1-11），防止被融化的金属灼伤。

图 1-9　耳罩

图 1-10　工作服

图 1-11　焊接皮手套

6. 腿、脚的防护
在车间工作时最好穿鞋头有金属片、防滑的安全鞋。

在焊接时最好穿绝缘鞋，防止触电事故的发生。在腿部和脚部最好有焊接护腿和护脚保护装备。

进行操作时可能会跪在地上，时间长了会引起膝盖损伤，最好佩戴护膝。

7. 呼吸系统和肺部的防护
在进行板件焊接与切割等操作时，会产生很多有毒物质，佩戴呼吸器（图1-12）可以防止有毒物质进入人的呼吸系统，保证人身安全。

三、车间安全生产准则

图 1-12　呼吸器

修理人员在进行车身修理时要遵守以下准则：

1）掌握信息。不论使用哪种设备，在使用前都要看产品说明书。

2）佩戴个人防护用品。在打磨、喷砂或处理溶液时，应佩戴头罩、安全眼镜或防尘镜、防尘面具并穿工作服。面具应与皮肤紧密贴合，防止吸入灰尘和微粒。在研磨、打磨或处理溶剂时请勿佩戴隐形眼镜。

3）在用压缩空气枪吹洗车门的侧壁和其他难以达到的地方时，应当戴上护目镜和防尘面具。

4）金属调理剂含有磷酸，它被吸入人体或其与皮肤、眼睛接触，会引起发炎，因此使用这种材料时，需要佩戴或穿着安全眼镜、工作服、橡胶手套及气体呼吸保护器。

5）禁止恶作剧。在工作场地不允许追逐、打闹，工作区设备、工具众多，还分布着气和电的管路、电路，这些都存在潜在危险，可能对人员、物品产生损害。

6）抬起和搬运重物时，必须使用适当的设备进行提升和移动。

任务练习

1. 判断题

1）供气式呼吸器通常包括一个有透明护目镜的头盔和一个外接气源软管。　　（　　）

2）面部过多的毛发会妨碍气密性，所以进行作业时必须把面部毛发剃光。　　（　　）

3）在焊接时，裤长要不能盖住鞋头，防止炽热的火花或熔化的金属燃烧。　　（　　）

4）供气式呼吸器可使操作人员避免吸入对人体有害的空气悬浮物。　　（　　）

5）防护眼镜能在进行锤击、钻孔、磨削和切削等操作时保护眼部。　　（　　）

2. 选择题

1）呼吸器按照功能和用途的不同，可以分为（　　）。

　　A. 供气式呼吸器　　　B. 滤筒式呼吸器　　　C. 焊接用呼吸器　　　D. 防尘式呼吸器

2）若使用呼吸器时感到呼吸困难或呼吸器到达更换周期时，则应更换（　　）。

　　A. 气瓶阀　　　　　　B. 过滤器　　　　　　C. 滤芯　　　　　　　D. 面罩

3）在焊接时应戴上（　　）手套，防止被融化的金属灼伤。

　　A. 棉纱　　　　　　　B. 橡胶　　　　　　　C. 皮质　　　　　　　D. 塑料

4）在焊接时最好穿（　　），防止触电事故的发生。

　　A. 绝缘鞋　　　　　　B. 皮鞋　　　　　　　C. 布鞋　　　　　　　D. 棉鞋

5）可以使用（　　）靠近面罩的密封处进行密封性检测。

　　A. 乙醇　　　　　　　B. 甲醇　　　　　　　C. 高锰酸盐　　　　　D. 基醋酸盐

3. 简答题

1）什么是负压测试？

2）什么是正压测试？

3）维修操作时应该如何进行身体防护？

4）维修人员在进行车身修理时应该遵守哪些准则？

5）什么情况下应佩戴护目镜和防尘面具？

任务三

钣金维修工具设备的安全操作

任务目标

1. 列举安全操作手动工具与动力工具。

2. 描述汽车举升机的种类和特点。

3. 描述手动工具、动力工具以及压缩空气的操作步骤。

4. 描述移动式千斤顶和支撑架的操作步骤。

5. 在规定时间内按照安全规范操作要求操作举升机。

任务实施

在车身修理时会大量用到手动工具、电动工具、气动工具和校正设备，为了避免修理时发生危险，造成人身伤害，在使用每一件工具前都需要充分了解其使用方法、安全提示及操作规程。

一、手动工具的安全操作

1）请勿将手动工具作任何非设计规定的用途，常见的不当操作如图 1-13 所示。

2）手动工具应保持清洁、良好的工作状况。

3）操作扳手的正确动作是拉，如果不得不采用推的动作，应伸开四指，用手掌推动，如图 1-14 所示。

4）不要同时打开多个工具柜抽屉。盛满工具的工具柜非常重，容易造成工具柜倾翻。

5）手动工具在使用前应检查是否存在裂纹、碎片、毛刺、断齿或其他不符合安全操作规范的情况。

6）在进行任何操作时不要把旋具、冲子或其他尖锐的手动工具放到口袋里，以免刺伤自己或损坏车辆。

7）将所有的零件和工具整齐、准确地存放在指定位置，以免其他工作人员被绊倒，这样同时还能减少寻找零件或工具的时间。

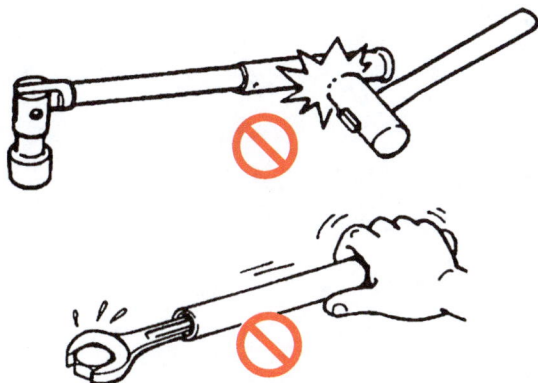

图 1-13 不当操作

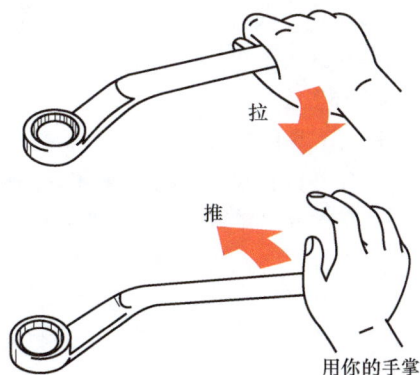

图 1-14 操作扳手的正确动作

拉

推

用你的手掌

二、动力工具和设备的安全操作

1）在使用动力工具前要安装好动力工具的护具。在对工具进行修理和维护前，应先将工具的空气软管或电源线断开。

2）使用动力工具时不要超出其额定功率。例如砂轮通常有每分钟的最大转速（r/min）限制，操作时应确保动力工具未超出砂轮、刷子或其他工具的极限转速，否则砂轮或刷子可能会炸开，被甩出的砂轮碎块或钢丝会造成人员、物品的损伤。

3）当用工具进行研磨修整时，应慢慢研磨，避免工具表面的硬化金属过热。

4）在用动力设备对小零件进行操作时，不要一手持零件，一手持工具操作，否则零件容易滑脱，造成手部严重伤害。在进行研磨、钻孔、打磨时一定要使用夹紧钳或台虎钳来固定小零件。

5）车身修理中会经常使用液压装置，因此在使用液压机时应确保施加液压的安全性。操作时要站在侧面，戴上全尺寸面罩，防止零件飞出造成伤害。

6）应保证焊接用的气瓶固定牢靠，防止倾倒而发生危险。使用完毕后应关上气瓶顶部的主气阀，避免气体泄漏、流失或爆炸。

三、压缩空气的安全操作

1）车身修理中会使用各种气动工具，因此气动工具应标明压缩空气的极限警示。

2）用压缩空气进行清洁工作时，压力值应保持在 0.5MPa 以下。

3）在清洁车门、立柱和其他难以达到的位置时，要戴上护目镜和防尘口罩。

4）不能用压缩空气清洁衣物。

任务练习

1. 判断题

1）不要同时打开多个工具柜抽屉。盛满工具的工具柜非常重，容易造成工具柜倾翻。

（　　）

2）当用工具进行研磨修整时，应快速研磨。 （　　　）

3）压缩空气也可用于清洁衣物。 （　　　）

2. 简答题

1）手动工具的安全操作有哪些？

2）动力工具和设备的安全操作有哪些？

3）压缩空气的安全操作有哪些？

项目二　手工作业

随着生产规模的不断发展和科学技术的进步，大多数工艺是通过机械来完成的，手工作业往往只作为补充加工或修整工作。但在汽车钣金维修作业中，经常遇到一些残损或丢失的零部件和需要重新制作镶补的钣金件，特别是车辆碰撞及翻车造成损伤后，这些零部件的加工大多依靠手工作业来完成。

本项目主要介绍手工作业的相关内容，主要包括手工常用工具、手工矫正工艺、手工制作工艺和拉深工艺。

任务一

常用手工工具的使用

任务目标

1. 列举常用的手动工具。

2. 描述各手工工具的分类及使用方法。

3. 在规定时间内按照安全操作规范使用各手工工具。

任务实施

一、钣金锤的分类与使用

钣金锤是一种统称，指各种规格和样式的锤子，这些锤子各自具有其独特的作用。钣金锤用于钣金维修时，可提高维修的效率与质量；若用于非车身维修，效果则会减弱。

1. 分类

（1）橡皮锤　橡皮锤（图 2-1）主要用于修整表面微小的凹陷。橡皮锤的优点是它的力度比较柔和，锤击或修整钢板时不会损坏漆面及其光泽，敲击金属时金属也不易变形。

（2）铁锤　铁锤用于修整钣金件，是修复钣金件第一阶段所必需的工具。它的作用是使工件大致回到原样。

（3）球头锤　球头锤主要用于矫正弯曲的基础构件、修平部件，它由一个圆形平面锤头和一个球形锤头组成，是一种所有钣金作业都能使用的多用途工具。

图 2-1　橡皮锤

（4）镐锤　镐锤也称"鹤嘴锤"，属于精修锤，可用于前挡泥板等操作不方便的部位。镐锤由平端头（圆形平面）和尖形头组成。

1）平端头：平端头的作用是与垫铁配合作业消除微小的凸点和波纹。

2）尖形头：尖形头即鹤嘴头，鹤嘴头形状各异，有尖的、圆的和扁的。鹤嘴头用来消除车身的小凹痕，不能用于修复大的凹陷表面，使用时不能用力过猛，否则其尖顶端可能会戳穿车身的薄钢板。

（5）冲击锤　冲击锤一端是尖形的，另一端是圆形或方形的。冲击锤的锤顶面大的一端锤击时，打击力可以散布在较大面积上，因此，适用于矫正凹陷板面的初始作业或加工非表露的板件。

2. 钣金锤的使用方法

钣金锤的使用方法包含两个方面：钣金锤的握法和钣金锤的挥锤方法。

（1）钣金锤的握法　钣金锤有紧握和松握两种握法。

1）紧握法是 5 个手指紧握锤柄，大拇指合在食指上，虎口对准锤头方向（木柄椭圆的长轴方向），木柄尾端露出 15~30mm。在敲击和挥锤过程中，5 根手指应始终紧握锤柄。

2）松握法是只有大拇指和食指始终握紧锤柄，其余 3 指在挥锤时，按小指、无名指、中指顺序依次放松；在敲击时，又以相反的次序收拢握紧。这种方法的优点是手不易疲劳，且产生的敲击力较大。

> **注意事项**
>
> 　　手握锤柄的位置不要太靠近锤头，而要尽量靠近锤柄的末端，因为这样打击时才会更省力、更灵活

（2）钣金锤的挥锤方法　在实际操作中，锤击加工工件的力量大小不同，挥锤的方法也不同。挥锤方法有腕挥、肘挥和臂挥三种方法。

1）腕挥：采用紧握法握锤，挥锤时仅用手腕的动作来进行锤击运动，锤击力小，一般应用于需要锤击力较小的加工工件。

2）肘挥：采用松握法握锤，挥锤时手腕与肘部一起挥动完成锤击运动，敲击力较大，这是一种常用的挥锤方法。

3）臂挥：挥锤时腕、肘和臂联合动作，锤头要过耳背，这种方法锤击力最大，一般应用于需要大锤击力的工作。这种方法费力，较难掌握。

> **注意事项**
>
> 　　使用钣金锤时，眼睛要注视工件，锤头面要和工件面平行，确保锤面平整地打在工件上，这样能避免破坏工件表面形状，也能防止锤子击偏，造成人员受伤和设备受损。

3. 钣金锤使用注意要点

1）使用前，若需安装锤柄，需注意选择与锤头的大小相适应的锤柄，安装时锤头中心线要与锤柄中心线垂直，并且锤柄的最大椭圆直径方向要与锤头中心线方向一致。

2）使用前要检查锤柄安装是否牢固，有无开裂现象，以防止锤头脱出造成事故。

3）使用前要保证钣金锤锤面及锤柄上无油污，以防止在使用过程中锤子从手中滑脱，造成伤人损物的事故。

4）使用前要检查锤子外表有无损坏，以防止敲击时锤子上的金属飞出造成事故。

二、顶铁的种类与使用

顶铁是一种手持的铁砧（也称"垫铁"或"衬铁"），主要用于粗加工和锤击加工，通常与钣金锤配合使用进行作业。

1. 顶铁的种类

车身板件的线型很多，因此需要运用各种形状的顶铁，如图 2-2 所示。常用的顶铁有通用顶铁、低隆起顶铁、足跟形顶铁、足尖形顶铁、卷边顶铁和楔形顶铁等。

（1）通用顶铁　通用顶铁（万能顶铁）可以用来粗加工挡泥板的拱起部分和车身的相同形状表面；矫正挡泥板凸缘、装饰条和轮缘；修正焊接区等。

（2）低隆起顶铁　低隆起顶铁（俗称"馒头形顶铁"）用于车门内侧、发动机舱盖、挡泥板的平面和拱起面以及柱杆顶面等工件的钣金加工。该顶铁质量大，很容易控制在平面金属板上，常用来使金属板减薄和使薄的金属板收缩。

顶铁的种类与作用

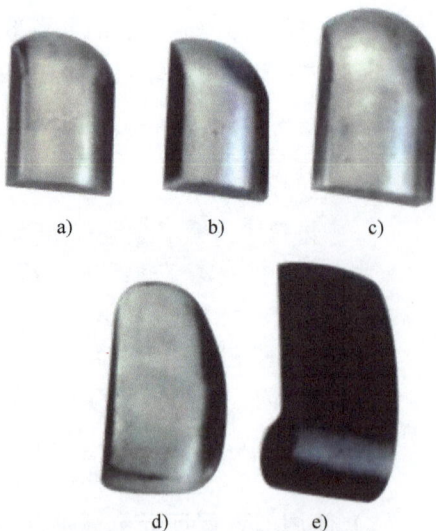

（3）足跟形顶铁　足跟形顶铁用于在板件上形成较大形状的凸起，校直高拱起或低拱起的金属板、长形结构件和平面板件。

（4）足尖形顶铁　足尖形顶铁用于收缩车门板、挡泥板裙板、柱杆顶部和汽车各种盖板，也可以用于在挡泥板的底部形成卷板和凸缘，是一种专门设计的组合平面顶铁。由于该顶铁的两个面不同（一个面非常平，另一个面微微拱起），因此足尖形顶铁一般适合粗加工金属板件。

（5）卷边顶铁　卷边顶铁用于形成各种大小的卷边，有时也可以用它在薄金属板上形成小的凹痕。卷边顶铁由较大和较小的一端组成。较大的一端用来形成大而宽的卷边，而小的一端用来形成较窄的卷边。

（6）楔形顶铁　楔形顶铁（也称"逗号顶铁"）用于在柱杆顶部和宽的挡泥板凸缘上生成拱起，也可以用来加工与支架或其他车身内部构件形成一个封闭结构的板件；在柱杆顶部粗加工出一些小的凹痕，特别是在顶盖梁和横杆后部，以及在车身其他地方生成皱折等。

a)　　　　b)　　　　c)

d)　　　　e)

图 2-2　各种形状的顶铁
a）低隆起顶铁　b）足跟形顶铁　c）足尖形顶铁　d）卷边顶铁　e）楔形顶铁

2. 顶铁的使用方法

使用顶铁时须用手掌整体包住顶铁，此时掌心起支撑作用。将顶铁支撑在面板的背面，然后使用钣金锤从正面敲打。

顶铁有两种使用方法——偏托法和正托法。通常先使用偏托法，当局部凹凸变形被修平至一定程度时，再改用正托法进一步敲平。

1）偏托法是直接用顶铁抵住最大凹陷处，使用钣金锤敲击凹陷周围产生隆起变形的部位（图2-3a）。敲击顺序是从最大凹凸变形处开始敲平。由于顶铁击打的是板料正面的凹陷处，因此用偏托法修整平面，一般不会造成板件伸展。

2）正托法是将顶铁直接顶在板料背面不平的位置上，同时用锤子将顶铁位置正面敲平（图2-3b）。由于锤子的敲击作用会使顶铁发生轻度回弹，因此在锤子敲击的同时顶铁也将同时击打板料。此时顶铁靠得越紧展平的效果越好。

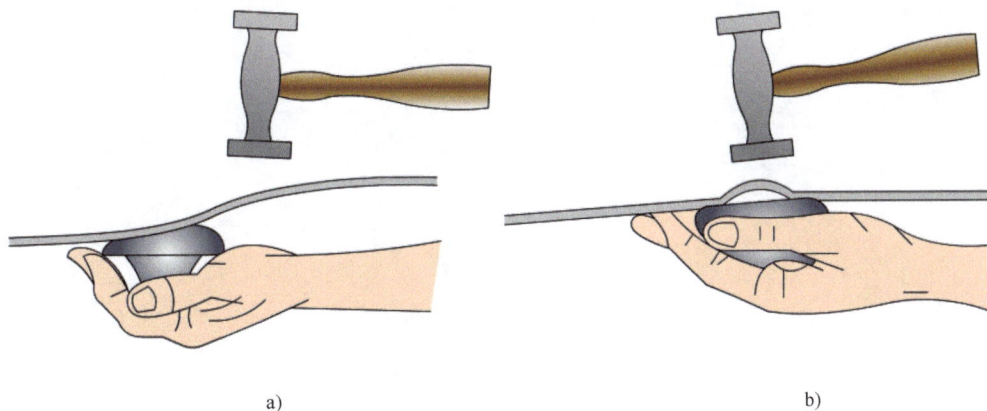

a)   b)

图2-3　顶铁的使用类型
a）偏托法　　b）正托法

3. 顶铁敲平工序

顶铁敲平的工序如图2-4所示，所用的顶铁断面形状应与被修正面板形状吻合。

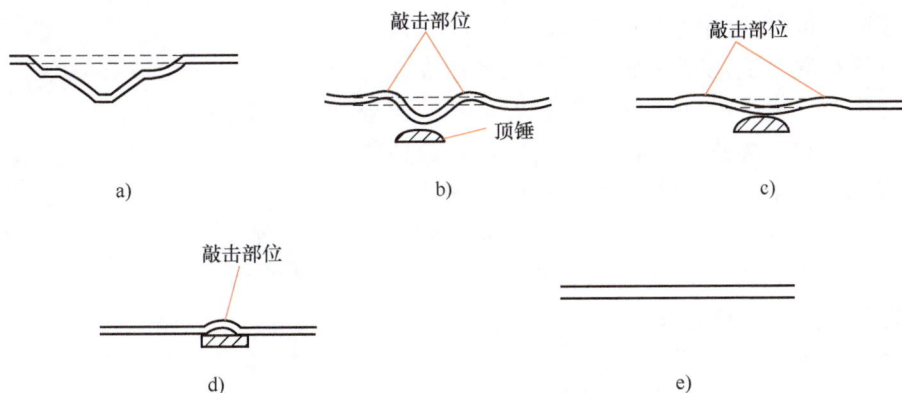

a)   b)   c)

d)   e)

图2-4　顶铁敲平的工序
a）修复前　b）第一次敲击部位　c）第二次敲击部位　d）最后敲击部位　e）修复后

三、匙形铁

匙形铁（也称"修平刀"）如图 2-5 所示，是一种非常有用的车身修整工具，其形状和尺寸多种多样，不仅可以用作锤子，而且可以用作顶铁，满足各种不同形状车身板件修复的需要。例如整修表面空间受到限制不易使用顶铁时，匙形铁就可以代替顶铁。

匙形铁的种类与作用

四、撬棍

撬棍是一种把凹陷撬平的工具（图 2-6），主要用于狭窄的空间或车身的某些洞口。撬棍有不同的长度和形状，但把手一般是 U 形的。

图 2-5　匙形铁

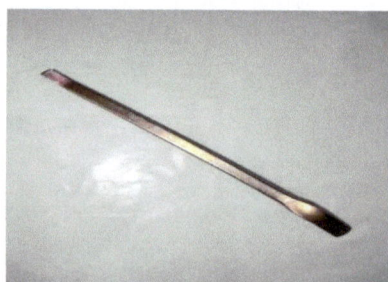

图 2-6　撬棍

撬棍可以用于精加工。例如当常规的手动加工工具（如镐锤）不能修整校正后存在的一些小而不规则的麻点或小凹点时，可用撬棍进行修复。

五、车身锉刀的种类和使用

车身锉刀是用来修整锤、顶铁、修平刀等钣金工具作业留下来的凹凸不平痕迹的钣金专用工具。它与锉削金属件的一般锉刀不同，一方面，车身锉刀只与凸起金属材料接触，适用于对加工后较粗糙的表面进行光洁处理作业；另一方面，车身锉刀可以检验钣金平面修复是否平整。撞伤板件粗加工后，可轻轻地使用车身锉刀找出不平处的位置。然后再用锤子和顶铁敲击板件上显露出的小凸点和小凹点进行修复使其平整。经锉刀加工后，对板件再进行砂轮的最终打磨，就可以完成金属精加工的全部工作。

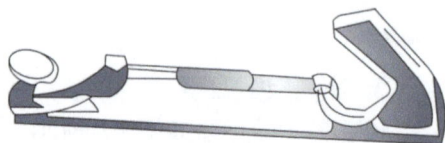

柔性锉刀

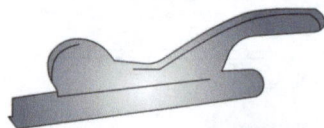

固定式锉刀

弧形锉刀

1. 车身锉刀种类

常用的车身锉刀有柔性锉刀、固定式锉刀和弧形锉刀等（图 2-7）。

图 2-7　常用的车身锉刀类型

柔性锉刀用于撞伤板件的粗加工，以及矫正工作之后，使板件上任何需加工的凹凸点显露出来的工具。无论板面是平面还是凹凸面，柔性把柄都可以调整锉片的弯曲度，使其形状更贴合板面的形状，但是不能过度弯曲锉片，以防锉片折断。

固定式锉刀是锉平金属板的理想工具。

弧形锉刀（也称"曲面锉"）用于修整尖的隆起面、折边和装饰条的平直程度。

> **注意事项**
>
> 禁止使用锉刀去撬或击打，因为锉刀所用的钢较硬，非常容易被击碎。

2. 车身锉刀的使用方法

1）敲平作业过程中，对稍大一点的凹凸检查起来比较直观，但作业结束之前，需要借助锉刀来检查细微不易观察的不平部位（图2-8）。通过锉刀滑过时产生的痕迹来检验板面的实际凹凸状况（表面留有锉痕的部位为凸点，无锉痕的部位则为凹陷），然后再用平锤或风镐等工具修平。

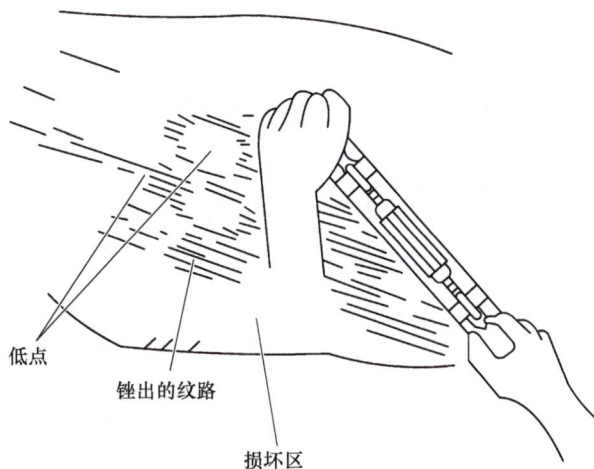

低点
锉出的纹路
损坏区

图 2-8　使用锉刀检查不平部位

2）使用锉刀的方法是用手握住锉刀的头部（目的是控制压力的大小和方向），另一只手握住手柄向前推，每次推的行程应尽量拉长。作业时须从未损坏区的一边开始锉，然后穿过损坏区，到达未损坏区的另一边。采用这种方法时，未损坏区和损坏区的正确平面都能够保持原样。

锉削开始时，锉刀的前端起作用，然后锉齿的锉削作用移到中间或尾端，如此便形成一个工作行程。工作行程要长而有规律，不可短而杂乱。在返回的行程中，应用手柄将锉刀从金属上拉回。

3）使用锉刀作业时，不能顺着锉刀直行前进，若顺着锉刀直进会将钣金面锉出凹痕，因此锉刀与钣金面要有适当的角度。作业时轻轻加压力于锉刀上，进行推锉即可（注意须防止锉刀跳动），太重的压力将使锉过分切削金属面。

4）检查弧形板面时，最好使用可调柔性锉刀，因为这种类型的柔性锉刀压到弧形板面上时，可通过调整使两端留有一定间隙，方便操作。

5）当锉一个很平坦或低隆起的部位时，应将锉刀与推进方向成 30° 角平推，也可将锉平放、沿着 30° 角的方向推（图 2-9）。

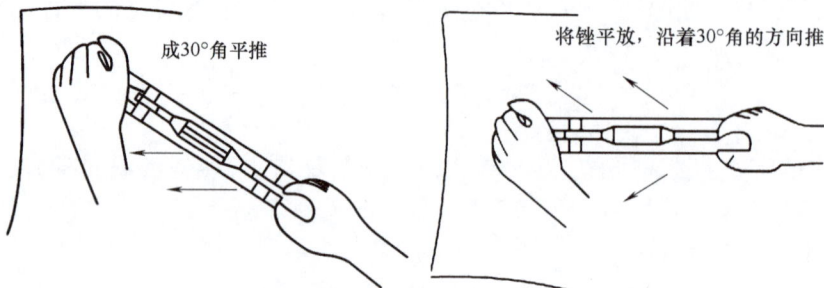

成30°角平推

将锉平放，沿着30°角的方向推

图 2-9　在平坦或低隆起部位沿 30° 角推动车身锉

6）在隆起的金属板上，应将锉刀平放，并沿着变平的凸起处平推，或者沿着凸起处最平坦的方向平放，以 30° 或更小的角度向一边推（图 2-10）。

六、冲头和錾子的使用

冲头和錾子是钣金维修人员常备的一种工具（图 2-11）。

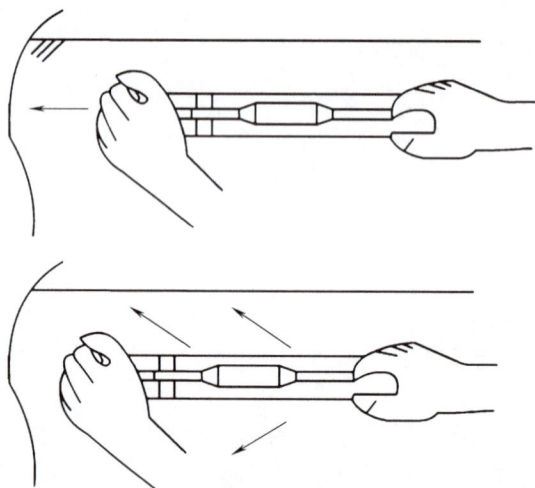

图 2-10　在隆起板面上用车身锉

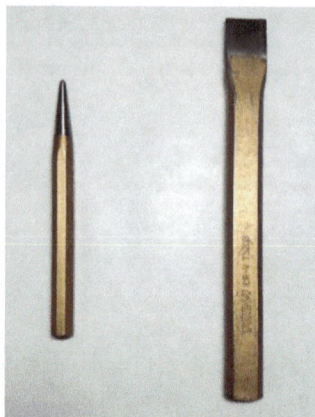

图 2-11　冲头和錾子

1. 冲头

冲头用于造型、起出零件和校准零件等操作。根据任务不同，选择的冲头形状也不同。

1）扁冲可以与锤子配合使用，在车身板件和车架上重新成形凸缘、凸起、直线边缘和弯折等。

2）尖头冲头（也称"样冲"）用于开始冲出一个孔痕或对部件做标记，冲出的凹痕将引导钻孔位置。

3）起始冲头有一个渐细的冲杆，可以将销钉、轴和杆推出孔外。

4）起出冲头的冲杆长而渐细，用于对准车身板和其他部件，常与起始冲头一起使用。工作时先用起始冲头，再用起出冲头将把杆、轴等完全冲出孔外。

2. 錾子

錾子用于某些手工切削操作，例如削去铆钉头或分割金属板料。常用的錾子有平头冷錾、狭錾、菱形錾和圆头錾。

汽车钣金维修中最常用的是扁冲和扁錾，这两者的样子和形状没有太大的区别，一般认为刃口钝的为扁冲，刃口锋利的为扁錾。

（1）錾子的握法　錾子的握法随錾削工件不同而不同，一般有 3 种握法。

1）正握法：手的腕部伸直，拇指和食指自然接触，松紧适当，用中指、无名指握住錾子，小指自然合拢，錾子头部伸出约 20mm。

> **注意事项**
>
> 这种握法适合于錾削平面。

2）反握法：手心向上，左手拇指、中指握住錾子，食指抵住錾身，无名指、中指自然接触。

> **注意事项**
>
> 这种握法适合于錾削小平面和侧面。

3）立握法：左手拇指与食指捏住錾子，中指、无名指和小指轻轻扶持錾子。

> **注意事项**
>
> 这种握法适合于垂直錾削，例如在铁砧上錾断材料等。

（2）錾子的使用注意要点　錾子使用时要握稳握平，防止锤子击在手上，造成人身伤害。錾削将要完工时，应轻轻敲击锤子，以免阻力突然消失时手及錾子冲出去碰在工件上把手划破。

（3）錾子的刃磨　新锻制或使用钝了的錾子要及时修磨锋利，可在砂轮机上进行修磨。

刃磨时，两手要拿稳錾身，一手在上，一手在下，使刃口向上倾斜靠在砂轮上，轻加压力的同时要注意刃口要高于砂轮水平中心线，在砂轮全宽上平稳均匀地左右移动錾身。錾子在刃磨过程中，要注意磨后的楔角大小要适宜，两刃面要对称，刃口要平直，刃面宽 2~3mm。

注意事项

  錾子头部未经过热处理，在使用过程中易卷边，若出现这种现象应及时磨掉卷边。

七、切割工具

1. 手剪刀

手工剪切薄钢板时常用手剪刀工具。在具体使用时应注意根据不同材料和不同需要选择。
剪切短料直线时被剪去的那一部分一般都放在剪刀的右面。
剪切长料直线时被剪去的那一部分一般都放在剪刀的左面。
剪切板料时被剪去的那一部分一般都放在剪刀的左面。直线的剪切方法如图 2-12 所示。

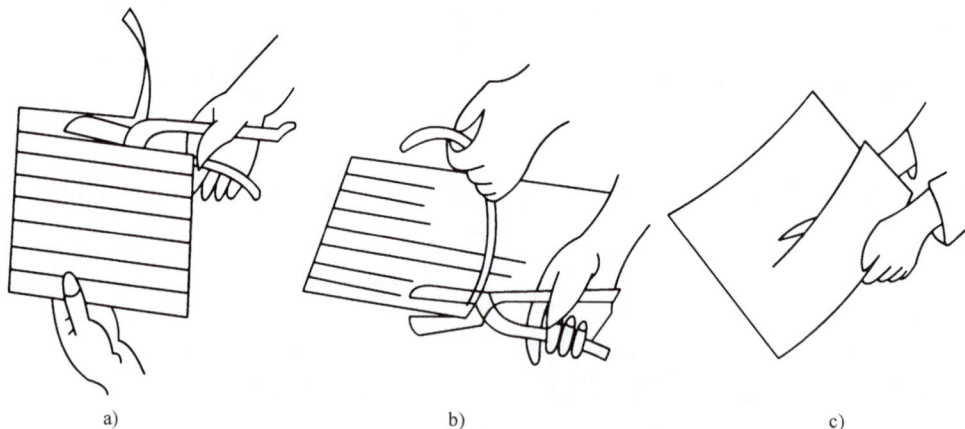

a)   b)   c)

图 2-12 直线的剪切方法
a）剪切短料   b）剪切长料   c）剪切板料

注意事项

  左手拿板料，右手握住剪刀柄末端。剪切时，剪刀要张开大约 2/3 刀刃长。上下两刀片间不能有空隙，否则剪下的材料边上会有毛刺。剪切长或宽板材料的长直线时，必须将被剪去的部分放在左面，这样能使被剪去的部分容易向上弯曲。

2. 手锯（图 2-13）

  目前钣金件修理中常使用可调式锯弓。锯弓可分为两段，前段可在后段中伸出或缩入，可安装不同长度的锯条。锯条的规格通常为 200mm、250mm 和 300mm。

  （1）锯条的安装 由于在实际锯割操作中是推锯，因此在安装锯条时，锯齿的齿尖要朝

图 2-13 手锯

前，这样安装会使操作方便且工作平稳。

安装锯条时不宜装得过紧或过松：过紧则手力大，若手用力不当易折断；过松则锯条易扭曲折断，且锯缝易偏斜。

> **注意事项**
>
> 安装锯条后，要保证锯条平面与锯弓中心平面平行，不得倾斜和扭曲，否则锯割时极易歪斜。

（2）手锯的使用

1）手锯的握法。右手满握锯柄，左手轻扶锯弓前端。

2）锯割姿势。锯割姿势与锉削姿势基本相似。

3）锯割时的起锯。起锯很重要，一般用左手拇指指甲靠稳锯条，以防止锯条滑动。起锯角度不能过大，过大锯齿易崩碎，角度一般小于15°，但也不宜太小，否则不易切入材料。

4）各种材料的锯条方法。

薄板材的锯割：锯割薄板料时易发生弯曲和抖动，因此锯割时应尽可能从宽面锯下。

管子的锯割：锯割时必须把管子夹正，多次转动管子并沿不同方向锯割管壁，直至锯断为止。这样可防止一下子锯断，也可防止管子边棱钩住锯齿使其崩裂或锯条折断。

深缝的锯割：当锯缝的深度超过锯弓高度时，应将锯条转过90°重新安装，使锯弓转到工件的一侧。

5）锯割过程。锯弓作直线往复运动，锯割时右手推锯，左手施压，返回时不加压力，从加工面上轻轻滑过。锯割过程中压力小而均匀，锯割行程一般往复长度不小于锯条全长的2/3。

当工件快要锯断时，施压要轻，速度要慢，行程要小，并要用手扶住工件即将掉下来的部分。

> **注意事项**
>
> 锯割速度不宜过快，控制在40次/min左右为宜。锯割硬材料应慢些，锯割软材料应快些。同时，锯割行程应保持均匀，返回行程的速度应相对快些。

（3）手锯使用的注意要点

1）使用手锯锯割工件时，一定要保证工件固定牢固且锯条安装正确，防止折断锯条或锯缝线歪斜。

2）起锯角度应大小合适，姿势要自然正确。

3）锯割钢件时可以加些机油，以减少摩擦并冷却锯条，从而延长锯条使用寿命。

4）当快要锯断工件时，速度要慢，压力要小，并要用左手扶住将被锯断即将落下的部分。

5）锯割时，思想要集中，防止锯条折断从锯弓中弹出伤人。

八、线凿的种类及应用

线凿（也称"扁铲"或"剁印"）主要用于车身冲压线的成形、修复，常见的有直线凿、曲线凿以及"7"字形线凿等。

1）直线凿：直线凿端面较宽，呈直线状，主要用于平直的车身线修理。

2）曲线凿：曲线凿也称圆线凿，主要用于弯曲车身线的修理。

3）"7"字形线凿："7"字形线凿端面与直线凿相似，主要用于直线凿无法触及的车身线修理。

线凿的种类与作用

九、铆枪的使用

铆接是车身维修作业不可缺少的工艺，特别是在铝车身钣金维修中。铆接时，先将铆钉组件插入被连接的工件通孔中，然后用铆枪将外伸的铆钉杆拉断，这样铆接即成功。

十、拉拔工具的使用

对于密封型车身面板的凹陷，无法利用现成的孔洞使用撬棍撬起时，可采用凹陷拉拔器或拉杆进行修理。

1. 使用拉拔器

使用拉拔器需在表面褶皱处钻孔。拉拔器的顶端呈螺纹尖端形式或钩状形式，螺纹尖端可以旋紧在孔中，利用套在杆中部的冲击锤向外冲击手柄端面，同时向外拉手柄，可以慢慢拉起凹点。用拉拔器拉平凹坑如图 2-14 所示。

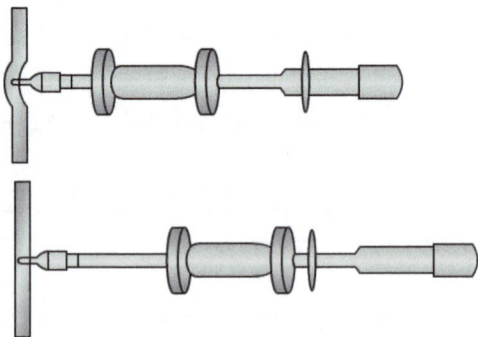

2. 使用拉杆

利用拉杆也可以修复凹坑。将拉杆的弯钩插入

图 2-14　用拉拔器拉平凹坑

所钻的孔，钩住凹坑两侧向外提拉，视具体情况在周围轻轻锤击，将凹坑拉起，同时敲打其隆起点，最后使用钣金吸盘及时修复凹坑。

任务练习

1. 判断题

1）使用锤子锤击时，不一定要戴防护眼镜，轻轻锤击时可以不带。　　　　（　　）

2）气动螺钉旋具，只可以用于特定螺钉的旋紧。　　　　（　　）

3）镐锤也称鹤嘴锤，属于精修锤。　　　　（　　）

4）锯割薄板料时应从窄面锯下。　　　　（　　）

2. 单选题

1）握住锤柄后部约 1/3 之处，锤子与手臂保持（　　）。

A. 60° 角　　　　　B. 120° 角　　　　　C. 180° 角　　　　　D. 30° 角

2）以下不是顶铁的种类的是（　　　）。

    A. 足跟形　　　　　　B. 通用形　　　　　　C. 馒头形　　　　　　D. 匙形

3）下列哪项不属于线凿的类型？（　　　）

    A. 长线凿　　　　　　B. 曲线凿　　　　　　C. "7"字形凿　　　　D. 直线凿

4）松握法是只有大拇指和食指始终握紧锤柄，其余3指在挥锤时，按（　　　）顺序依次放松（①小指；②无名指；③中指）。

    A. ①②③　　　　　　B. ②③①　　　　　　C. ③②①　　　　　　D. ③①②

3. 简答题

1）钣金锤使用时需要注意哪些要点？

2）简要说明顶铁的使用方法。

3）简述锤子敲击的两种方法。

4）錾子有几种握法？他们各自用于什么材料？

5）简述锯条安装的方法。

任务二
手工矫正工艺

任务目标

1. 列举手工矫正工艺的类型。
2. 描述各手工矫正工艺的操作步骤。

任务实施

一、手工矫正工艺类型

手工矫正是在平板、铁砧或台虎钳上用锤子等工具，使不符合形状要求的钣金件达到技术要求所规定的几何形状。手工矫正法主要有延展法、扭转法、弯形法和伸张法四种。

1. 延展法

延展法主要用于金属薄板中部凹凸而边缘呈波浪形以及翘曲等变形的情形（图 2-15）。

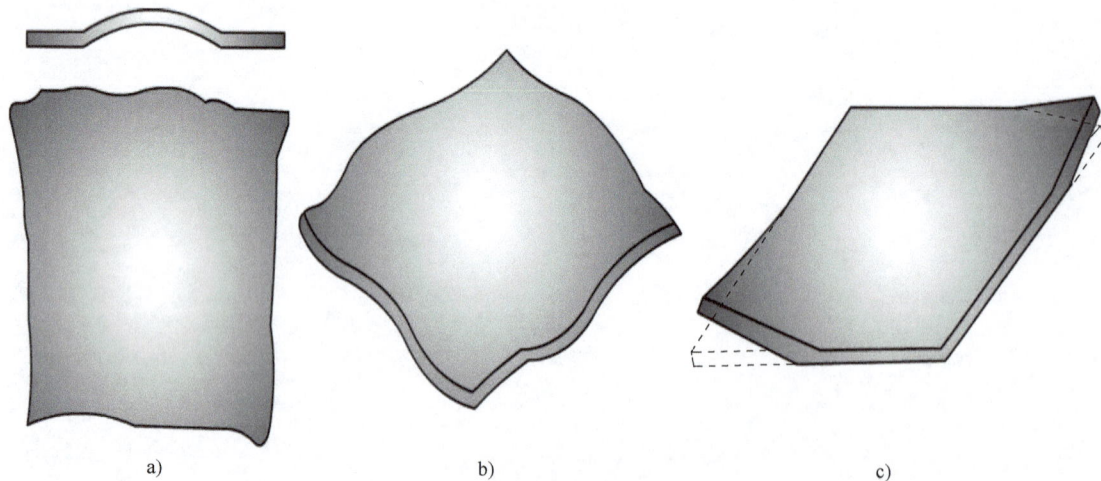

a)　　　　　　　　　　b)　　　　　　　　　　c)

图 2-15　延展法矫正金属薄板情形
a）中间凸起　b）边缘呈波浪形　c）对角翘起

2. 扭转法

扭转法用于矫正条料扭曲变形，例如扁钢或角钢扭曲变形。操作时将条料夹持在台虎钳上，用扳手把条料扭转到原来形状（图2-16）。

3. 弯形法

弯形法用于矫正各种弯曲的棒料和在宽度方向上弯曲的条料。直径较小的棒料和薄条料可夹持在台虎钳上用扳手矫正；直径大的棒料和较厚的条料，则用压力机机械矫正。

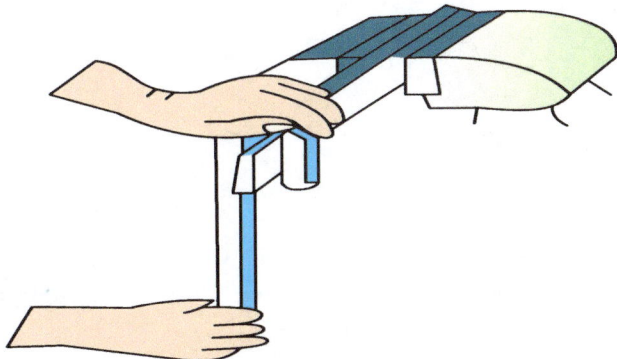

图 2-16　扭转法矫正条料

4. 伸张法

伸张法用于矫正各种细长线材（图2-17）。矫正时需将线材的一头固定，然后从定处开始，将弯曲线材绕圆木一周，紧捏圆木向后拉，使线材在拉力作用下绕过圆木得到校直。

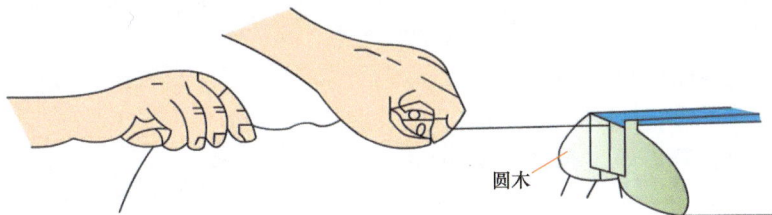

圆木

图 2-17　伸张法校直线材

二、手工矫正工艺

1. 凸鼓面的矫正

1）步骤1：将板料凸面向上放在平台上，左手按住板料，右手握锤。

2）步骤2：敲击应由板料四周边缘开始，逐渐向凸鼓面中心靠拢（图2-18）。

3）步骤3：板料基本矫正后，再用木锤进行一次调整性敲击，以使整个组织舒展均匀。

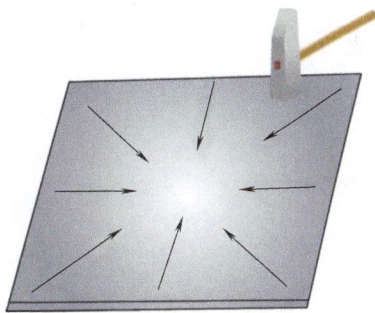

图 2-18　凸鼓面矫正

2. 边缘翘曲的矫正

1）步骤1：将边缘呈波浪形的板料放在平台上，左手按住板料，右手握锤。

2）步骤2：敲击由板料中间开始，逐渐向四周扩散（图2-19）。

3）步骤3：板料基本矫正后，再用木锤进行一次调整性敲击，以使组织舒展均匀。

3. 对角翘曲的矫正（图2-20）

1）步骤1：将翘曲板料放在平台上，左手按住板料，右手握锤。

2）步骤2：先沿着没有翘曲的对角线开始敲击，依次向两侧伸展，使其延伸而矫正。

3）步骤3：板料基本矫正后，再用木锤进行一次调整性敲击，以使组织舒展均匀。

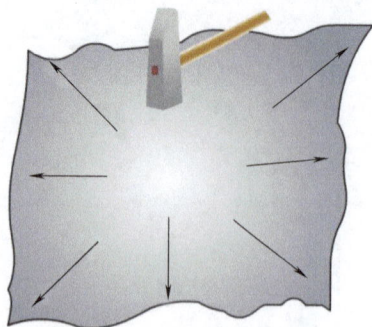

图 2-19 边缘翘曲的矫正

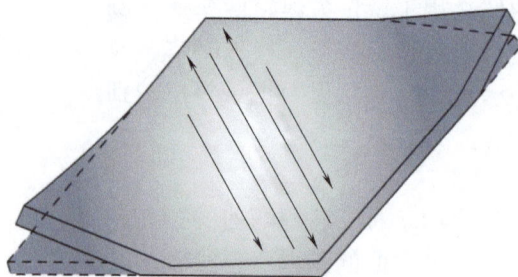

图 2-20 对角翘曲的矫正

4. 板料的拍打矫正

若薄板料有微小扭曲，则可采用拍板拍打矫正。取长度不小于 400mm，宽度不小于 40mm，厚度为 3~5mm 的拍板，在板料上拍打，使板料凸起部分受压缩，张紧部分受拉伸长，从而达到矫正的目的（图 2-21）。

薄板的矫正难度较大。矫正前，要分析并判明薄板的纤维伸长或缩短部位。矫正中，要随时观察板料的形状变化，有针对性地改变锤击点和力度。当板料基本敲平后，再用棒槌进行一次性调整性敲击，使整个板面纤维舒展均匀。矫正后，要用手按板料各处，若不发生弹动，说明板料已与平台贴紧、校平。

5. 曲面凸鼓变形的矫正

首先使锤与顶铁的中心对正，然后进行敲击修整（图 2-22）。握锤时不宜过紧，以手腕的力量敲击，敲击速度大约为 100 次 /min。

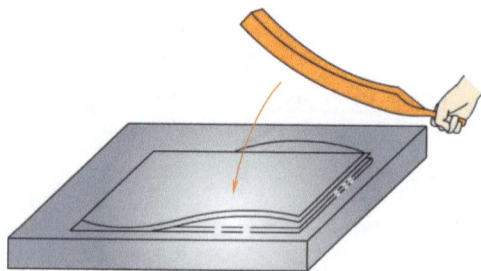

图 2-21 板料的拍打矫正

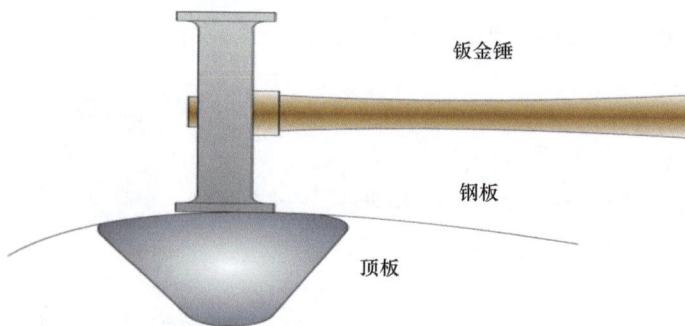

钣金锤

钢板

顶板

图 2-22 曲面凸鼓变形的矫正

6. 曲面凹陷变形的矫正

顶铁应放在稍偏于锤击处，锤击点为凸凹不平表面的较高部位（图 2-23），这样可使钢板在顶铁与锤击点中间处受到作用力。

7. 大凹面的矫正

首先可用喷灯将凹面中间部位加热至粉红色的炽热状态，然后在中间部位下侧用顶铁顶起，从而使原来凹陷得到初步复位。再用锤和顶铁相互配合将四周变高的部分逐渐敲平，恢复原来的几何形状（图 2-24）。

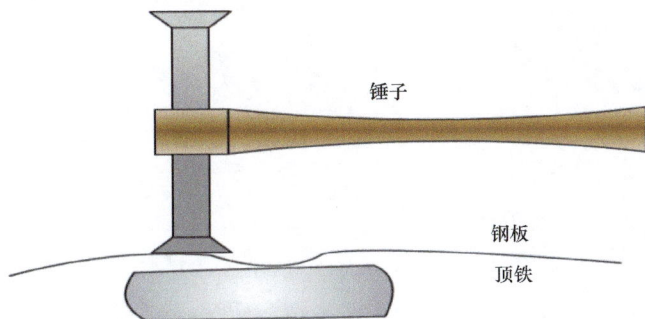

图 2-23　曲面凹陷变形的矫正

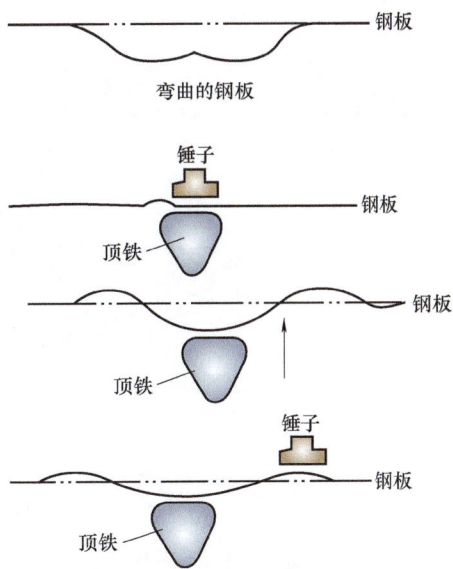

图 2-24　大凹面的矫正

8. 大曲率表面的矫正

修整如翼子板、挡泥板等表面曲率较大的部位（高凸面）时，可先用火焰加热，然后用顶铁顶起，最后锤击敲平，达到原来的外形形状（图 2-25）。

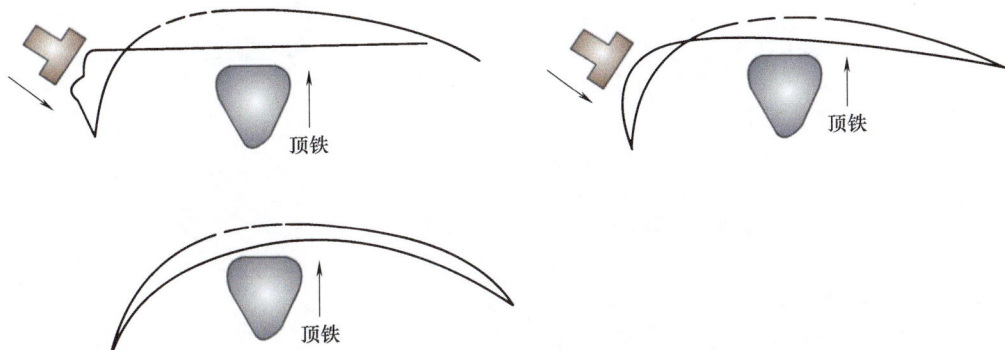

图 2-25　大曲率表面的矫正

9. 小凹痕的矫正

不同的材料凹痕需要用不同的工具进行矫正。通常矫正小凹痕的工具有鹤嘴锤、撬棍、拉拔器和拉拔杆。

将鹤嘴锤的尖头放置在凹陷部位进行敲击，可把凹陷处从里往外锤平（图 2-26a）。

将撬棍伸进狭窄的空间，把凹陷撬平，可撬平车门和后翼子板的凹陷（图 2-26b）。

a)

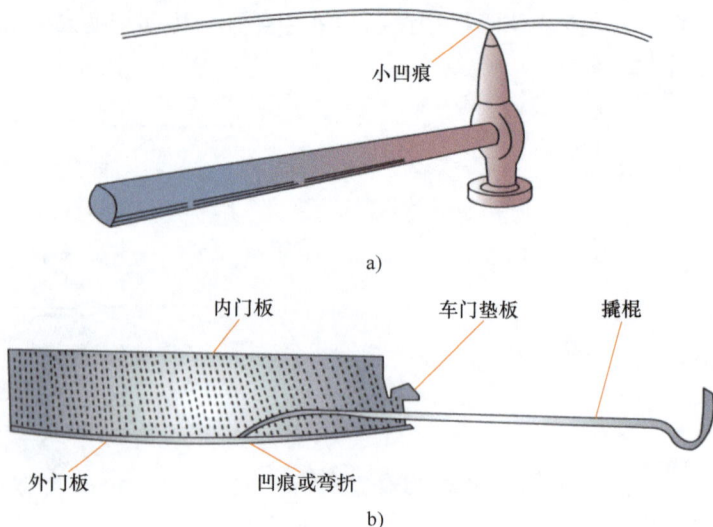

内门板 车门垫板 撬棍

外门板 凹痕或弯折

b)

图 2-26 小凹痕的矫正
a）锤平小凹陷　b）用撬棍撬平凹陷

若是封闭型车身板或有从后面无法接近的皱折，可用凹陷拉拔器将凹陷拉平（图 2-27a），或用拉拔杆敲打、拉拔使凸起部位降低，使凹陷部位上升变平（图 2-27b）。

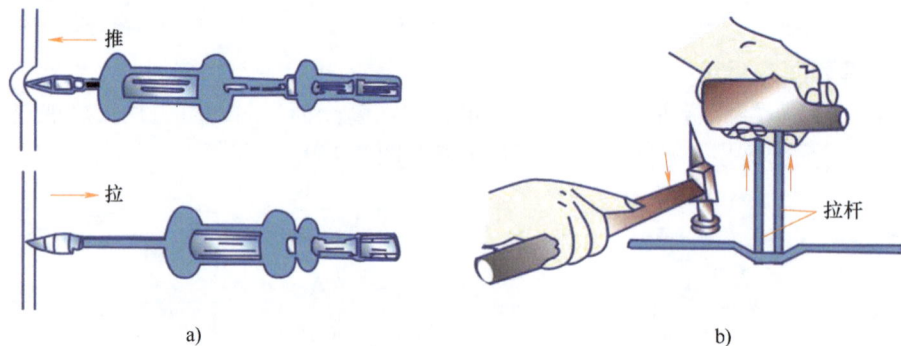

推

拉

a)

拉杆

b)

图 2-27 小凹痕的矫正
a）用拉拔器拉平凹陷　b）用拉拔杆拉平凹陷

10. 扁钢扭曲的矫正

1）步骤 1：将扁钢夹持在台虎钳上（图 2-28）。

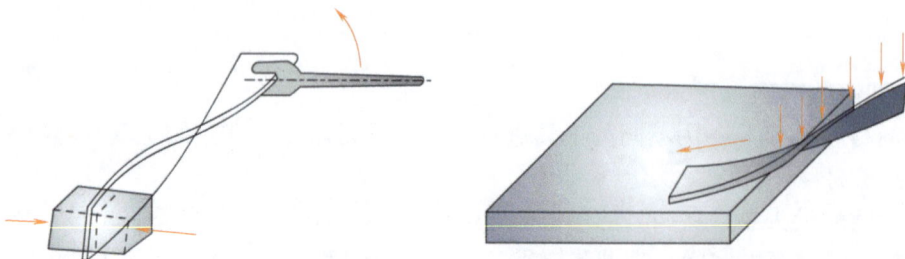

图 2-28 扁钢扭曲的矫正

2）步骤2：用扳手夹住扁钢的另一端，用力往扁钢扭曲的反方向扭转。

3）步骤3：扭曲变形基本消除后，采用敲击法将其矫正。

4）步骤4：敲击时，将扁钢斜置，平整部分搁置在平台上，扭转翘曲的部分伸出在平台外。

5）步骤5：用锤子敲击稍离平台外向上翘曲的部分，敲击点离平台的距离约为板料厚度的2倍，边敲击边将扁钢向平台内移动。

6）步骤6：翻转180°再进行同样的敲击，直到矫正为止。

11. 角钢的变形与矫正

角钢的变形包含三种情况：外弯角钢、内弯角钢和扭曲角钢。

（1）外弯角钢

1）步骤1：将外弯角钢放在圆筒铁砧或带孔的平台上（图2-29a）。

2）步骤2：从两直角边的边缘开始往里锤击。

（2）内弯角钢

1）步骤1：将内弯角钢放在圆筒铁砧或带孔的平台上（图2-29b）。

2）步骤2：锤击两直角边的根部。

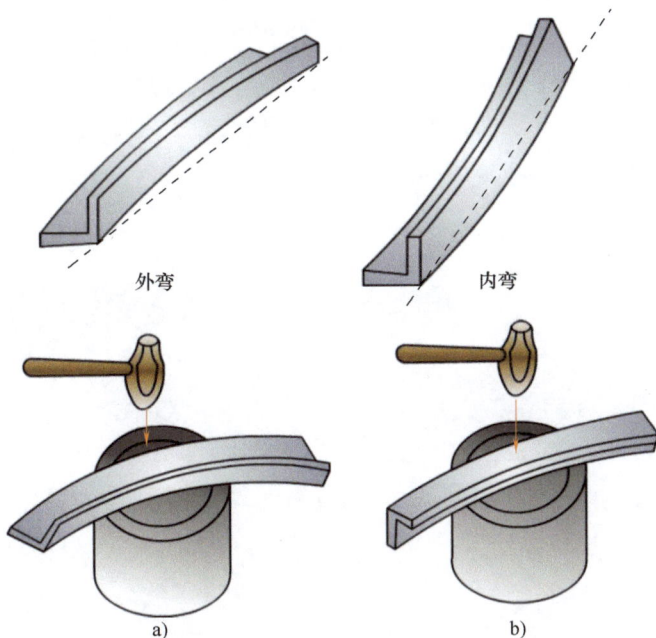

图2-29 外弯角钢和内弯角钢的变形与矫正

（3）扭曲角钢

1）步骤1：将扭曲角钢的一端夹紧在台虎钳上（图2-30）。

2）步骤2：用扳手夹住角钢另一端的直角边，用力使角钢沿相反的方向扭转，并稍微超过角钢的正常状态。

3）步骤3：反复几次基本消除角钢的扭曲变形。

12. 圆钢变形的矫正

圆钢多为弯曲变形，矫正时应先将圆钢放置于平台上且使凸起处向上，选用适当的中间

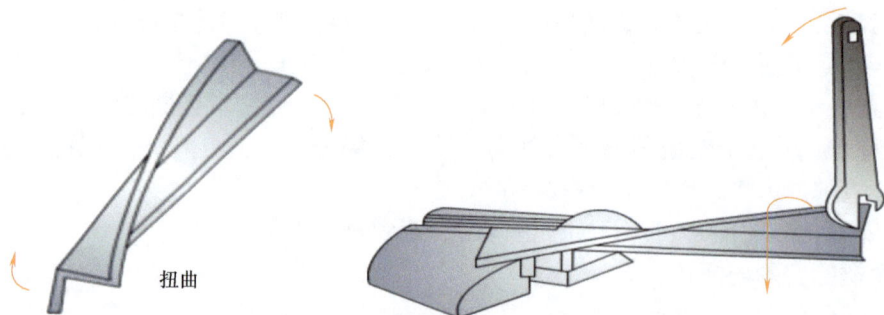

图 2-30　扭曲角钢的变形与矫正

锤置于圆钢的凸起处，然后敲击中间锤的顶部进行矫正（图 2-31）。

13. 焊接件的矫正

（1）L 形焊接件角度的矫正　当 L 形件角度发生变化时，可通过焊接方法（冷却后焊接角度会发生变化）进行矫正，图 2-32a 所示为使两根角钢垂直地焊在一起构成的 L 形焊接件角度的矫正。

（2）矩形框架的矫正　图 2-32b 所示为矩形框架的矫正。框架 AD 与 BC 边出现双边弯曲现象时，可将框架立于平台上，外弯边 AD 朝上，BC 边两端垫上垫板，锤击凸起点 E，如果四边都略有弯曲，则可分别向外或向内锤击凸起处。当尺寸误差不大时，可把框架竖起来，锤击较长一边的端头，使其总长缩短（图 2-32c）。

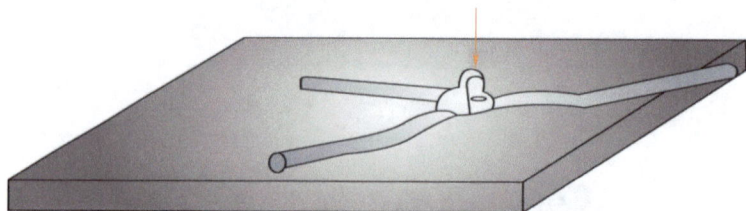

图 2-31　圆钢变形的矫正

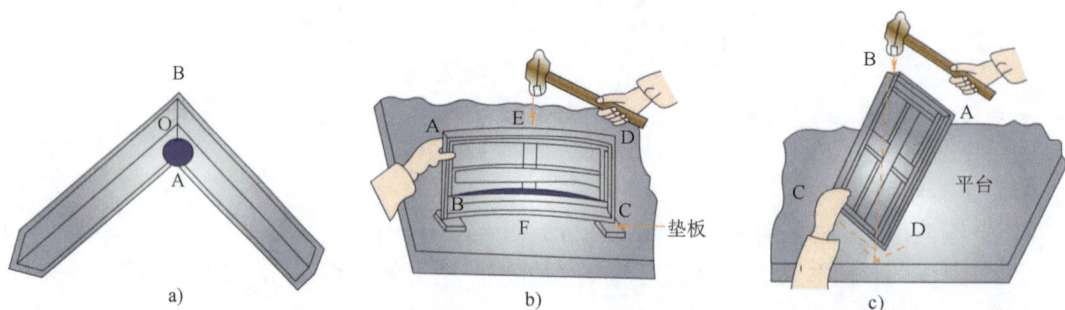

图 2-32　焊接件的矫正

a）L 形焊接件角度的矫正　b）矩形框架的矫正　c）尺寸误差不大时的矩形框架的矫正

任务练习

1. 判断题

1）延展法是用来矫正条料扭曲变形的，例如扁钢或角钢扭曲变形。 （　　）

2）圆钢多为弯曲变形，其校直只需将圆钢放置于平台上。 （　　）

3）由两根角钢垂直地焊在一起构成的 L 形焊接件，冷却后焊接角度不会发生变化。

（　　）

4）直径较小的棒料和薄条料可夹持在台虎钳上用扳手矫正。 （　　）

5）伸张法用于矫正各种细长线材。 （　　）

2. 单选题

1）若薄板料有微小扭曲，则可采用拍板拍打矫正。应取长度不小于 400mm，宽度不小于 40mm，厚度为（　　）。

    A. 3~5mm 的拍板   B. 4~8mm 的拍板

    C. 5~9mm 的拍板   D. 6~10mm 的拍板

2）曲面凸鼓变形的矫正敲击速度大约为（　　）。

    A. 200 次 /min   B. 150 次 /min   C. 50 次 /min   D. 100 次 /min

3）现有一块变形的角钢扭曲材料，应用（　　）将其矫正。

    A. 弯形法   B. 延展法   C. 扭转法   D. 伸张法

4）在进行曲面凹陷变形的矫正时，应将（　　）放在稍偏于锤击处。

    A. 顶铁   B. 匙形铁   C. 撬棍   D. 拉拔工具

5）下列哪项工具不适合矫正小凹痕？（　　）

    A. 拉拔杆   B. 顶铁   C. 撬棍   D. 鹤嘴锤

3. 简答题

1）简述大凹面的矫正方法。

2）手工矫正的方法有几种，这几种方法的区别是什么？

3）简述对角翘曲的矫正方法。

4）假如一个翼子板发生了凸起变形，你会用什么矫正方法来修整？简述修整方法。

5）现有一块圆钢发生了弯曲变形，请简述修复的步骤。

任务三

手工制作工艺

任务目标

1. 列举手工制作工艺的类型。

2. 列举各手工制作工艺的使用工具。

3. 描述各手工制作工艺的操作步骤。

任务实施

常见的手工制作工艺有弯曲、放边、收边、拔缘、卷边、拱曲、制加强筋及咬缝。

一、弯曲

手工弯曲借助手工夹具和垫块,通过手工操作弯曲板料并使之弯曲成模型。板料弯曲是钣金成形的基本操作工艺,弯曲形式有角形弯折和弧形弯曲。

1. 弯曲件展开长度的计算

弯曲件的展开长度尺寸等于其各直线部分长度与圆弧部分长度尺寸之和(图2-33)。

1)展开尺寸的计算。弯曲件展开长度

$$L=L_1+L_2+L_3$$

2)中性层弧长 L_2 的计算。中性层弧长

$$L_2=\pi \varphi/180°(R+x_0t)$$

式中　 x_0 ——中性层位置系数;

　　　 R ——弯曲半径(mm);

　　　 t ——材料厚度(mm);

　　　 φ ——弯曲半径。

2. 弯曲的制作工艺

(1)角形弯折的制作工艺　弯折前,应先根据零件形状划线下料,然后在弯折处画出折弯线(折弯线一般画在折角内侧),板料角形弯折后出现平直的棱角。

如果零件尺寸不大,可将板料夹持在台虎钳上,使折弯线与钳口衬铁对齐(注意夹持力度要合适)。

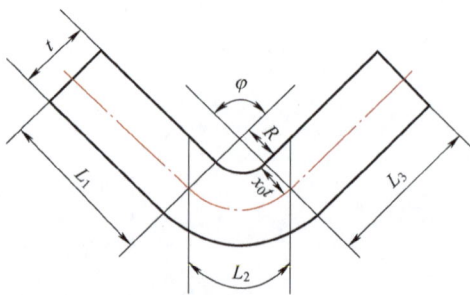

图2-33　弯曲件展开长度的计算

如果弯折工件高于钳口较多或板料较薄，应用左手压住工件上部，用木槌轻轻敲打靠近弯曲部位（注意不能敲打板料上方，否则易使板料翘曲变形）。

1）弯 Z 形件。弯 Z 形件制作，其操作顺序如图 2-34 所示。

① 将板材放置到台虎钳上夹紧。

② 使用锤子逐渐将板材敲弯 90°。

③ 将板材翻转垂直 180°，并用台虎钳夹紧。

④ 再次使用锤子将板材敲弯 90°。

角弯曲制作工艺

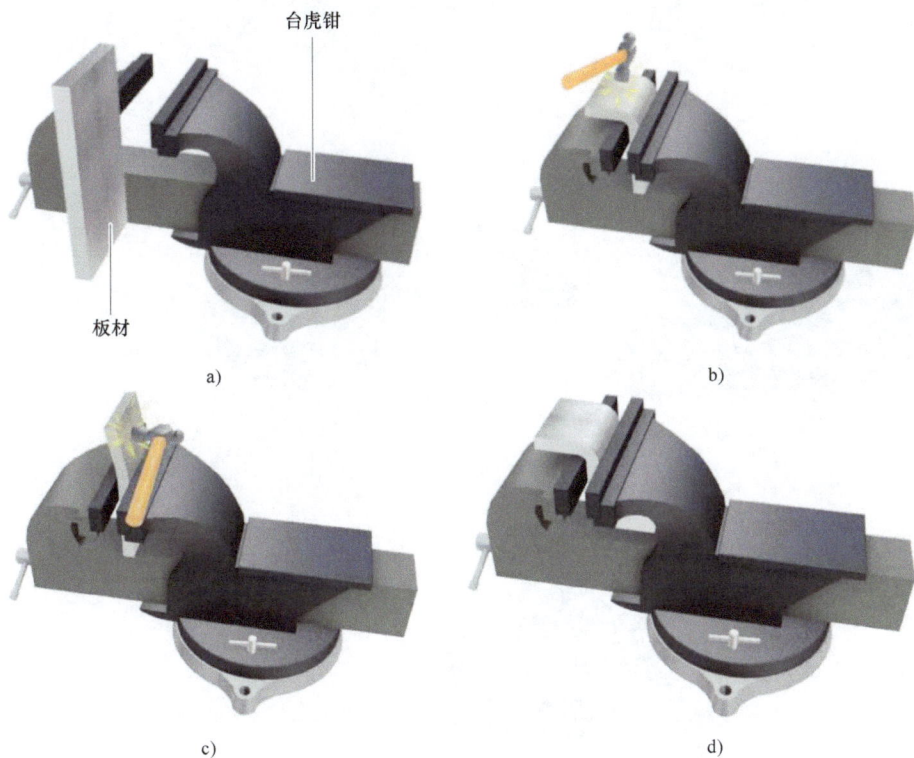

a)　　　　　　　　　　　　　　b)

c)　　　　　　　　　　　　　　d)

图 2-34　弯 Z 形件制作操作顺序

2）弯凸形件。弯凸形件，其操作顺序如图 2-35 所示。

① 将板材放置到台虎钳上夹紧。

② 使用锤子逐渐将板材敲弯 90°，使其与台虎钳贴合。

③ 将板材翻转水平 180°，并用台虎钳夹紧。

④ 再次使用锤子将板材敲弯 90° 使其与台虎钳贴合，此时板材成 "U" 形。

⑤ 将 "U" 形板材放置到台虎钳上夹紧，使用锤子将 U 形板材的两边敲弯 90°。

（2）弧形弯曲的制作工艺　将板料图样按要求弯成圆弧或圆筒形即为弧形弯曲。依据不同的使用工具，可分成在台虎钳上弯曲和在圆钢上弯曲两种不同的操作。

1）圆弧的弯曲。首先根据图样画出圆弧件，展开并下料。

在台虎钳上弯曲：根据具体情况将钳口张开到适当位置，将板料置于钳口上，沿着钳口方向用锤子适度敲击，并不断地移动板材，使板料逐渐成为弧形。

在圆钢上弯曲：将板料置于圆钢上，沿轴向用木槌敲击使板料依次弯成圆弧形（图 2-36）。这种方法适用于轴向尺寸较大的圆弧件弯曲。

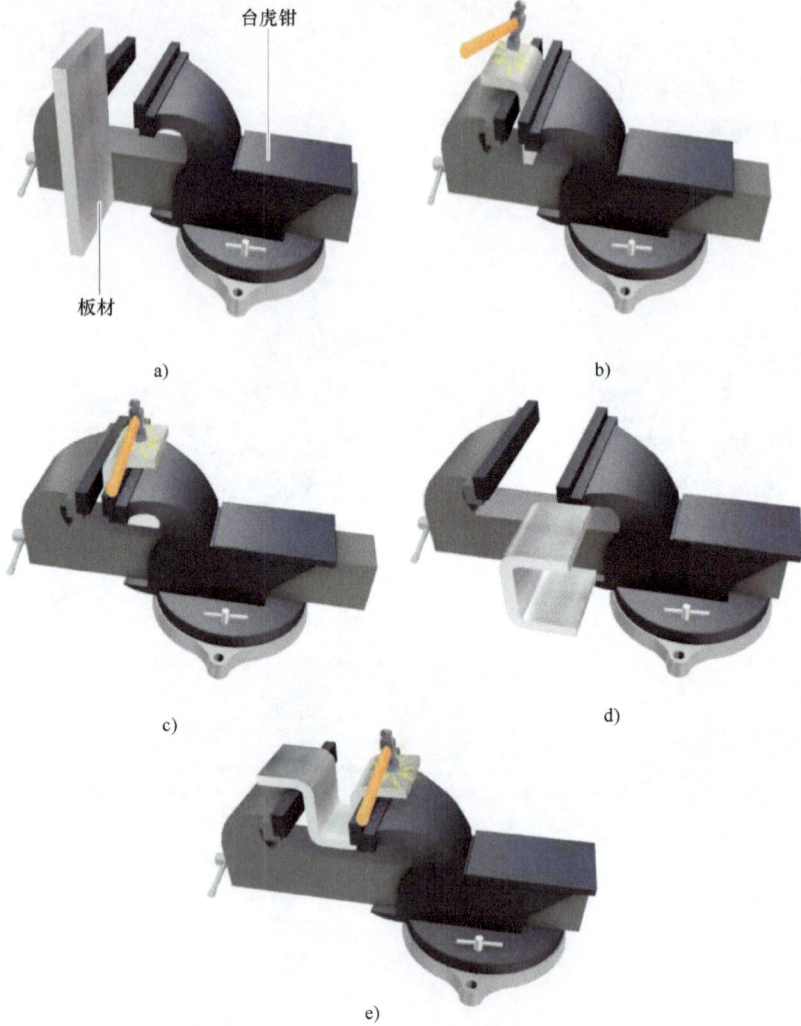

图 2-35　弯凸形件操作顺序

图 2-36　弯制圆弧

2）圆筒弯曲。在台虎钳上弯制圆筒：首先按圆筒展开图下料，将板料两端敲成 1/4 圆（此时板料中部仍为平面），接着将工件置于台虎钳钳口上，沿着钳口方向依次敲击中部，圆筒便逐渐成形，当锤子无法在内部继续敲击时，将其放在平台上，用木槌由外面敲击或用手按压，直至接口完全对接合拢。

在圆钢上弯制圆筒：将板边与圆钢平行放置之后，再打直头，对于薄板可用木槌逐步向内敲击，当接口重合时，对接口以点焊的方法固定，焊后再修圆（图 2-37）。

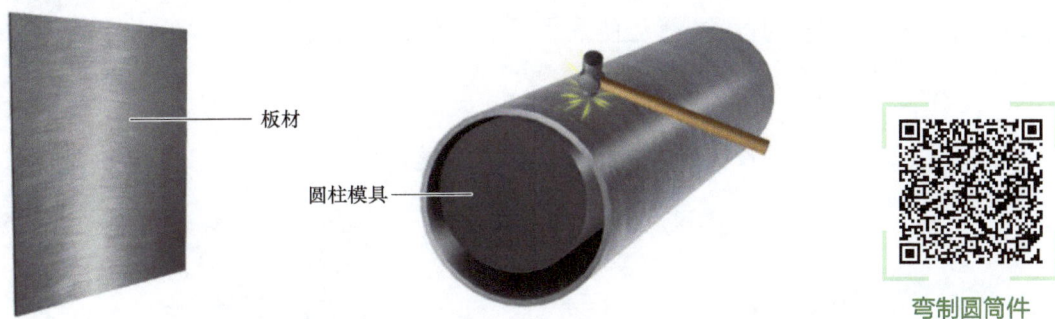

板材

圆柱模具

弯制圆筒件

图 2-37　弯制圆筒

二、放边

放边是通过使工件单边延伸变薄而弯曲成形的钣金加工方法。

1. 放边工具

常用的放边工具有锤子、木槌、胶木锤、平台、铁砧、轨铁、顶杆、厚橡皮板和软木墩，如图 2-38 所示。

锤子　　　　　　　　木槌　　　　　　　　胶木锤

平台　　　　　　　　铁砧　　　　　　　　轨铁

顶杆　　　　　　　　厚橡皮板　　　　　　软木墩

图 2-38　常用放边工具

2. 放边的制作工艺

放边有打薄放边、型胎放边和拉薄放边三种制作方法，其中打薄放边和拉薄放边是放边中最常用的方法。

（1）打薄放边　打薄放边是通过对零件单边打薄，从而使单边伸长零件弯曲的加工方法。一般制造凹曲线的零件时，应先将直角形材或直角形毛坯放在平台、铁砧或轨铁的锤放边缘，然后从一端开始敲击至另一端，此时边缘的厚度变薄，面积增大，弯边伸长，并且越靠近角材外边缘伸长越大；越靠近内边缘伸长越小。通过上述方法就能使直线角材逐渐变成曲线弯边的零件，打薄放边如图 2-39 所示。

打薄放边

坯料　　　铁砧

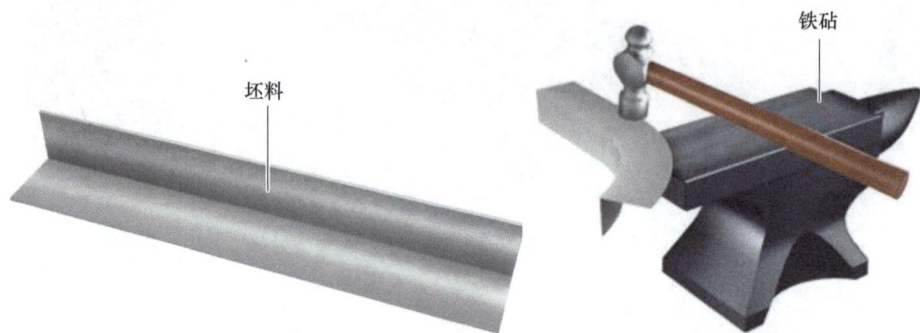

图 2-39　打薄放边

（2）型胎放边　通常弯边高度较高、展开量较大的凹曲线弯边零件可采用型胎放边法。将板材夹在型胎上，然后从型胎的一端开始，经过中部再到另一端依次用木槌敲击顶木，通过顶木的冲击之后板材得到伸展，型胎放边如图 2-40 所示。

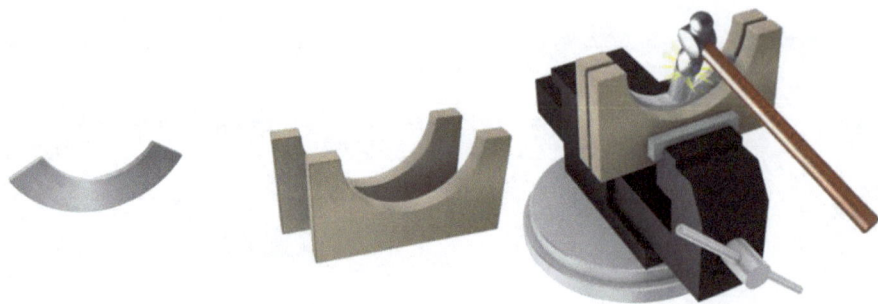

图 2-40　型胎放边

型胎放边

（3）拉薄放边　拉薄放边是将坯料置于厚橡皮板或软木墩上捶打放边部位的加工方法。

将工件放在厚橡皮板或软木墩旁边，用木槌敲击工件的边缘，此时材料被伸展拉长。这种方法加工后获得的工件厚薄均匀，表面质量较高。不足之处是锤放效果较差，在变形过程中容易产生拉裂，适用于坯料较薄的板料，拉薄放边如图 2-41 所示。

图 2-41　拉薄放边

三、收边

1. 收边的作用、工具与类型

收边是使工件单边起皱收缩弯曲成形的方法。

收边类型包括起皱钳收边、起皱模收边、搂弯收边和收缩机收边。常用的收边工具包括锤子、木槌、胶木锤、起皱钳、起皱模、铁砧和轨铁。

2. 收边的制作工艺

收边的制作工艺是角钢形零件内弯时，其内侧边缘长度必然会收缩且产生皱褶。这时需要人为地使板料边缘产生皱褶波纹，使零件达到要求的曲率，然后再把皱折处压平（注意压平时不能使其延伸），此时材料边缘长度缩短，厚度增加，能形成所需的形状。

（1）起皱钳收边　起皱钳收边是用起皱钳在待弯的毛坯边缘折起若干个皱，然后在铁砧或轨铁上逐个收平皱纹（图 2-42）。

（2）起皱模收边　对于板料较厚的零件可采用起皱模起皱。起皱模用硬木制成。起皱时，将零件置于起皱模上，用錾口锤起皱，锤击出波纹，并在轨铁或铁砧上敲平（图 2-43）。

（3）搂弯收边　对于盆形件的收边，可采用搂弯收边法成形。将盆形件扣在胎形模具上，然后在盆形件顶部放上重压块，用木槌敲击盆形件的周围形成褶皱边，然后搂弯收边。该种成形方法是以收为主，拉收结合，其收边效率较高，质量较好（图 2-44）。

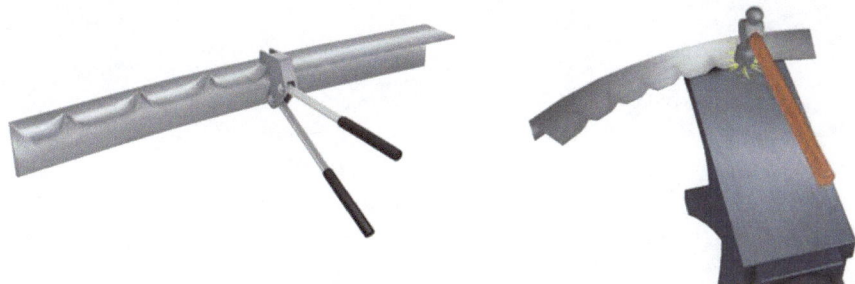

图 2-42　起皱钳收边

图 2-43　起皱模收边

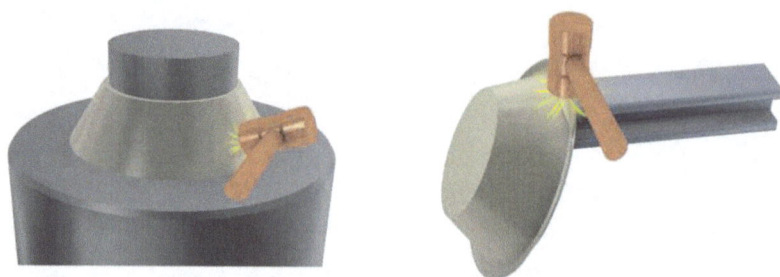

图 2-44　搂弯收边

（4）收缩机收边　收缩机收边适用于较厚的板料。当上下模相碰后，楔形斜块会压紧材料向内运动，使材料纤维受压缩力的作用而变短，然后可用铁锤敲击褶皱部位，进行收边。收缩机每分钟的收缩次数为 140~150 次，效率较高，但却易损伤零件表面，因此最好是在边缘预留加工余量，收边后再将其剪除（图 2-45）。

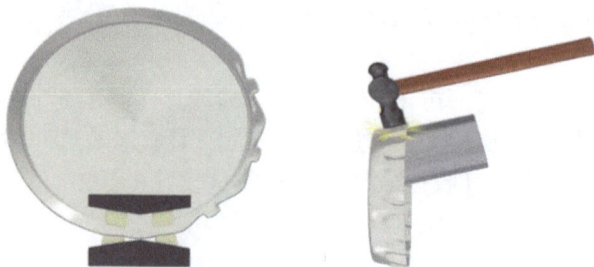

图 2-45　收缩机收边

四、拔缘

1. 拔缘的作用与类型

拔缘是利用收边和放边的方法，使板料的边缘弯曲成弯边。拔缘可以增加零件的刚度，还可以作为一种表面装饰。拔缘按类型可分为内拔缘和外拔缘，按操作方法可分为自由拔缘和型胎拔缘。

2. 拔缘的制作工艺

（1）自由拔缘　自由外拔缘是将工件外边缘弯曲。外拔缘时，要沿中间圆的圆周径向位置转动敲击形成弯边，由于外圆周长减少，会导致多余金属产生。因此要采用收边的方法，使其外拔缘弯边增厚，形成外边缘弯曲，外拔缘如图2-46所示。

图2-46　外拔缘

自由拔缘外拔缘

自由内拔缘是内环部分要沿外环的圆周径向位置转动敲击形成弯边，由于受到内孔圆周边缘的拉伸牵制，所以需采用放边的方法，使内拔缘弯边变薄，内拔缘如图2-47所示。

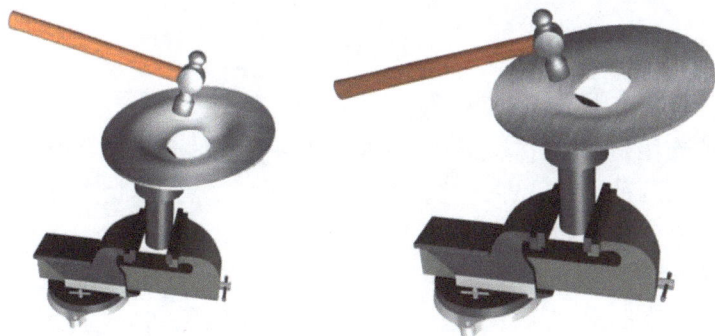

图2-47　内拔缘

自由拔缘内拔缘

（2）型胎拔缘　型胎外拔缘前，应先在型胎的底部焊装定位钢套，然后将板料放在型胎上。拔缘时，常采用对板料进行加热的方法，然后按自由拔缘的操作过程弯边成形，型胎外拔缘如图2-48所示。

模具　　　　　　　　　　　　　　　　重压块
圆形板材　　　　　　　　　　　　　　型胎
钢套支架

图2-48　型胎外拔缘

型胎外拔缘

型胎内拔缘是在材料塑性变形的极限范围内用木槌或凸模一次冲击成形，型胎内拔缘如图 2-49 所示。

模具

重压块

圆形板材

型胎

图 2-49　型胎内拔缘

五、卷边

1. 卷边的作用与类型

在钣金加工中，卷边的作用是将零件边缘弯曲以增加零件边缘的刚度和强度，此外卷边还具有装饰的作用。卷边包括两种形式，即夹丝卷边和空心卷边。常用卷边工具有锤子、木槌、胶木锤、平台、铁砧和手钳等，如图 2-50 所示。

2. 卷边零件展开长度的计算

卷边零件的展开长度等于卷曲部分长度与直线部分长度之和（图 2-51），其展开长度

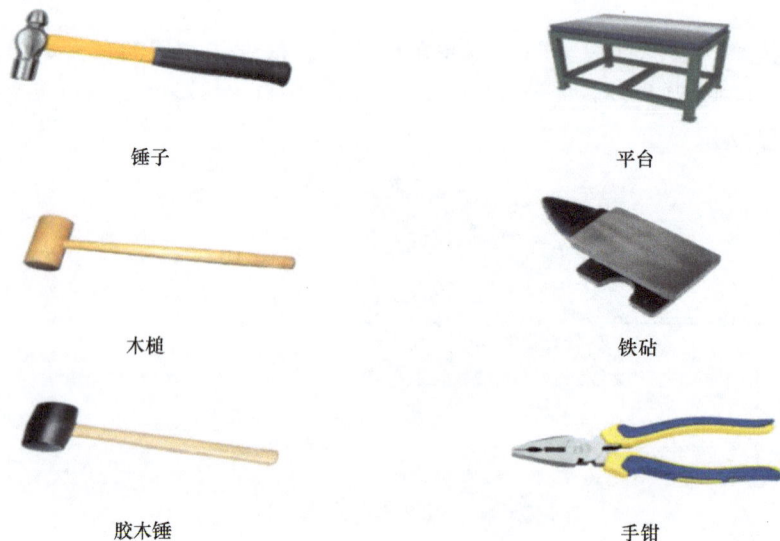

锤子

平台

木槌

铁砧

胶木锤

手钳

图 2-50　常用卷边工具

$$L=L_1+\frac{d}{2}+L_2$$

式中　L——卷边零件展开长度；

　　　L_1——板料直线长度之和；

　　　d——弯曲直径；

　　　L_2——卷曲部位（270°）展开长度，$L_2=\dfrac{3\pi(d+t)}{4}$。

　　　t——材料厚度；

　　　d——弯曲直径。

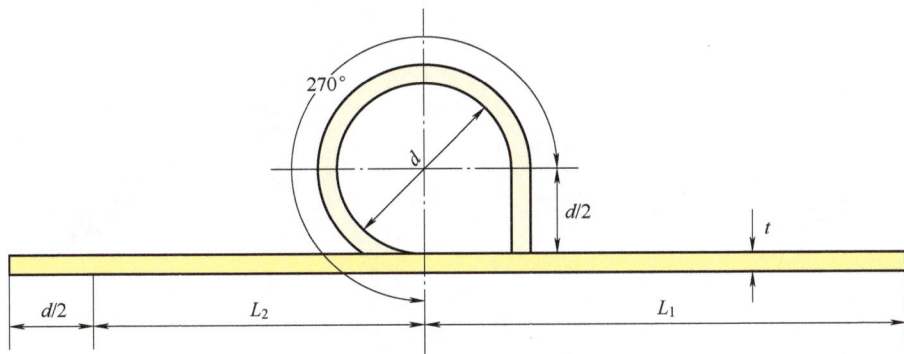

图 2-51　卷边零件展开长度计算

3. 卷边的制作工艺

1）先计算出卷边尺寸长度，然后在板料上划出两条卷边线，并修光毛刺（图 2-52）。

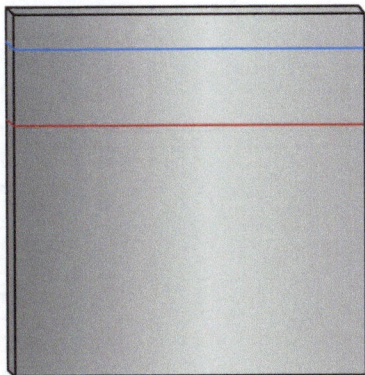

图 2-52　在板料上划出两条卷边线

卷边操作过程

2）将板料放在平台上，使第一条卷边线与平台边缘对齐。压紧板料，用锤子敲打伸出平台部分的边缘，使之向下弯曲成 85°~95°（图 2-53）。

3）将板料向外伸，直至第二条卷边线与平台边缘对齐。在第一次敲成的初坯边缘处继续敲打，使其边缘靠上平台（图 2-54）。

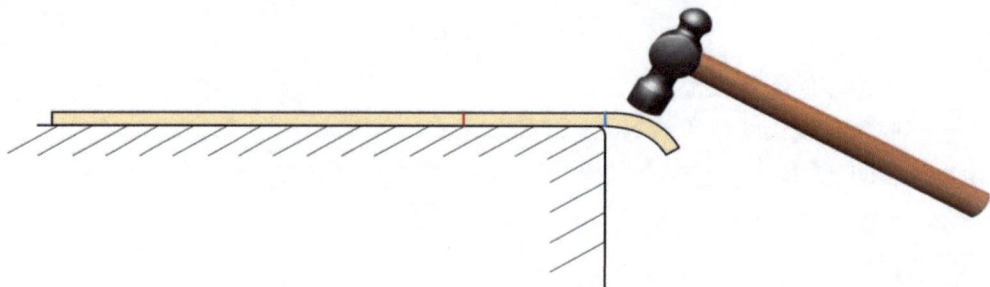

图 2-53　用锤子敲打伸出平台部分的边缘

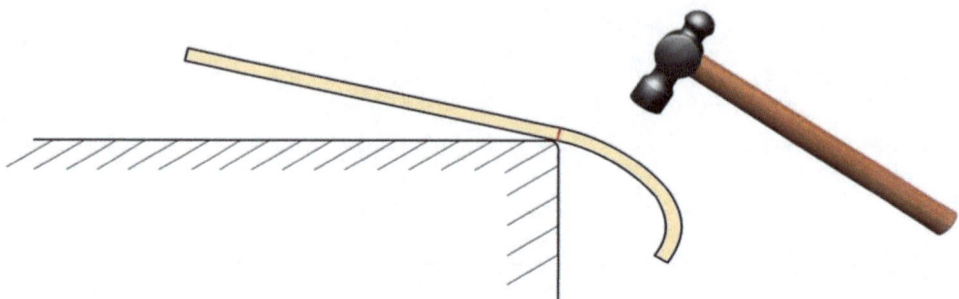

图 2-54　在第一次敲成的初坯边缘处继续敲打

4）将板料翻转，使其卷边向上，轻而均匀地敲打卷边向里翻扣，使卷曲部分逐渐成圆弧形（图 2-55）。

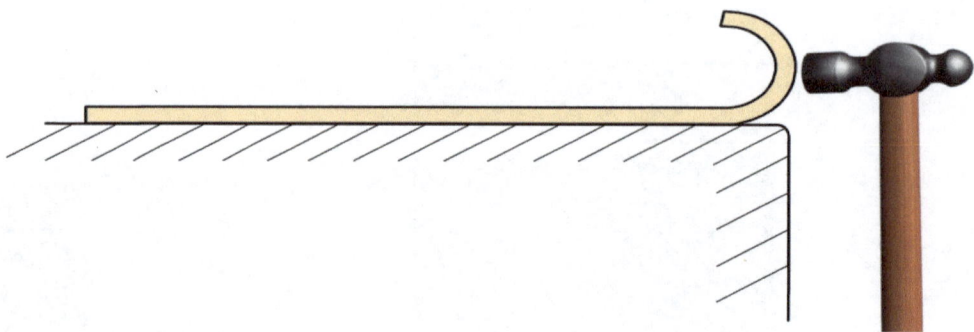

图 2-55　敲打卷边，使卷曲部分逐渐成圆弧形

5）将钢丝放入卷边孔内，为防止钢丝弹出，可先将卷边两端及中间间隔地扣合，再从头至尾一次扣合。完全扣合后，轻轻敲打，使卷边紧靠钢丝（图 2-56）。

6）翻转板料，使卷边接合口靠在平台的边缘，轻轻敲打使卷边接口扣紧（图 2-57）。

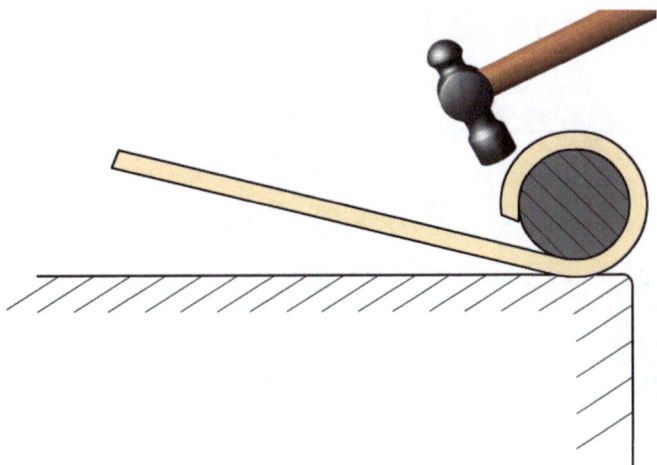

图 2-56 轻轻敲打，使卷边紧靠钢丝

图 2-57 轻敲使卷边接口扣紧

六、拱曲

1. 拱曲的作用与类型

将坯料四周起皱收边，中间打薄锤放，使毛坯加工成半球形或其他所需形状的工艺操作即拱曲。拱曲的类型包含顶杆拱曲和胎膜拱曲。

2. 拱曲的制作工艺

（1）顶杆拱曲　顶杆拱曲制作的操作步骤如下：

首先使用铁锤敲击顶杆，使毛坯中间锤放面积尽量缩小，毛坯边缘起皱收边（此时收边直径会比零件直径小），然后对直径进行修整，使其达到要求尺寸。

锤击时，锤击力不宜过大，要均匀稠密，且锤击位置要稍过支承点，边转动边捶击并随时用样板检查曲率（图 2-58）。

（2）胎膜拱曲　胎膜拱曲是将板料放在凹形模胎上，从板料中心开始敲击，使其形成凹凸状，然后将凹形板料放在橡皮板上，敲击凹形板料的底部进行修整（图 2-59）。

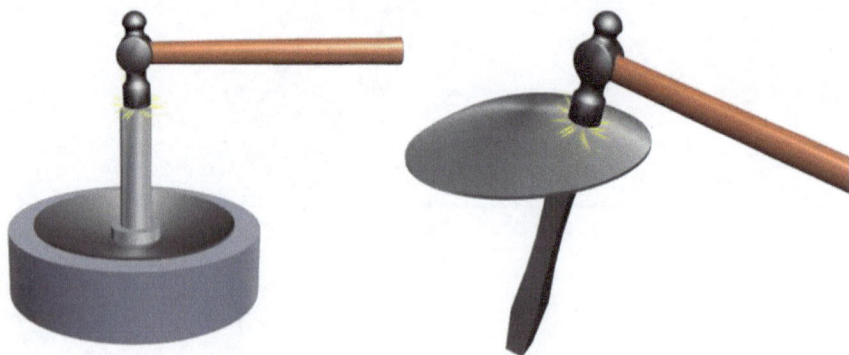

图 2-58　顶杆拱曲

顶杆拱曲

橡皮板

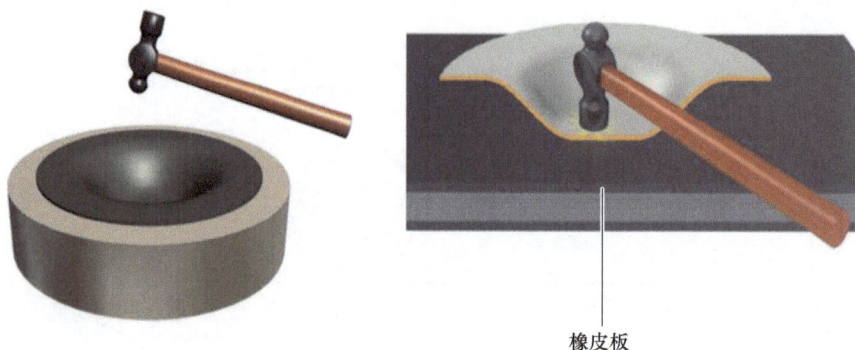

图 2-59　胎膜拱曲

胎膜拱曲

七、制加强筋

钣金平面制加强筋的目的是为了增强板壳零件的刚度，这不仅可以提高板件在内外载荷作用下抵抗变形的能力，而且可以起到表面装饰的作用，薄材制加强筋和型材制加强筋分别如图 2-60 和图 2-61 所示。

制加强筋

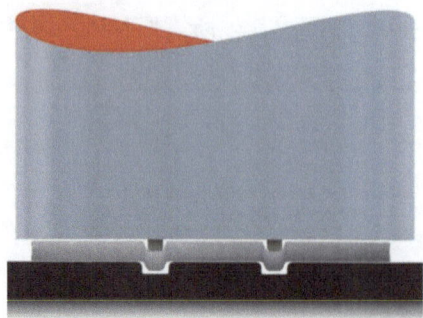

图 2-60　薄材制加强筋

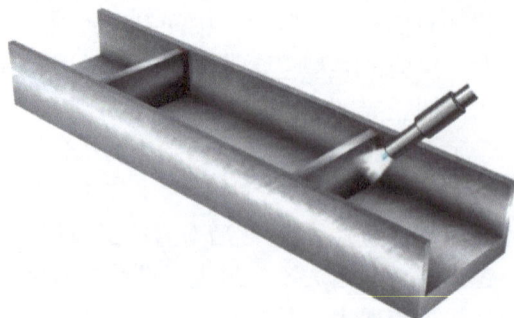

图 2-61　型材制加强筋

八、咬缝

咬缝是一种将薄板的边缘相互折转扣合压紧的连接方式。咬缝可以将板料牢固地连接在一起，因此可以用来替代焊接、铆接等工艺方法。

1. 咬缝常用工具

常用咬缝工具有锤子、木槌、轨铁、角铁、方钢和圆钢等，如图 2-62 所示。

锤子	木槌	轨铁
角铁	方钢	圆钢

图 2-62　咬缝常用工具

2. 咬缝种类

咬缝的种类多样，主要包括角式咬缝、平式单咬缝、立式单咬缝和立式双咬缝等。

1）角式咬缝。角式咬缝的操作步骤如下：

首先，将两块角形板材成 90° 放置在平台上。

然后，用尖嘴钳将一个角形材料水平弯曲 90°。

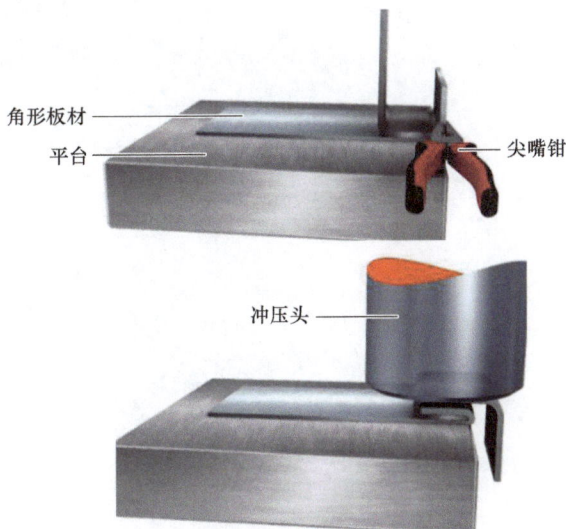

接着，用尖嘴钳将另一个角形材料弯曲 90°，然后再弯 90°。

最后，选用冲压头将两个角形铁紧压到一起，完成工件制作。角式咬缝如图 2-63 所示。

2）平式单咬缝。平式单咬缝的操作步骤如下：

首先，将两块角形板材成 90° 放置平台上。

然后，用尖嘴钳将一个角形材料水平弯

角式咬缝

图 2-63　角式咬缝

曲90°。

接着，用尖嘴钳将另一个角形材料弯曲90°。

最后，选用冲压头将两个角形铁紧压到一起，完成工件制作。平式单咬缝如图2-64所示。

图 2-64　平式单咬缝

平式单咬缝

3）立式单咬缝。立式单咬缝的操作步骤如下：

首先，将两块角形板材成90°放置平台上。

接着，用尖嘴钳将一个角形材料水平弯曲90°，再弯曲90°。

最后，选用冲压头将两个角形铁紧压到一起，完成工件制作。立式单咬缝如图2-65所示。

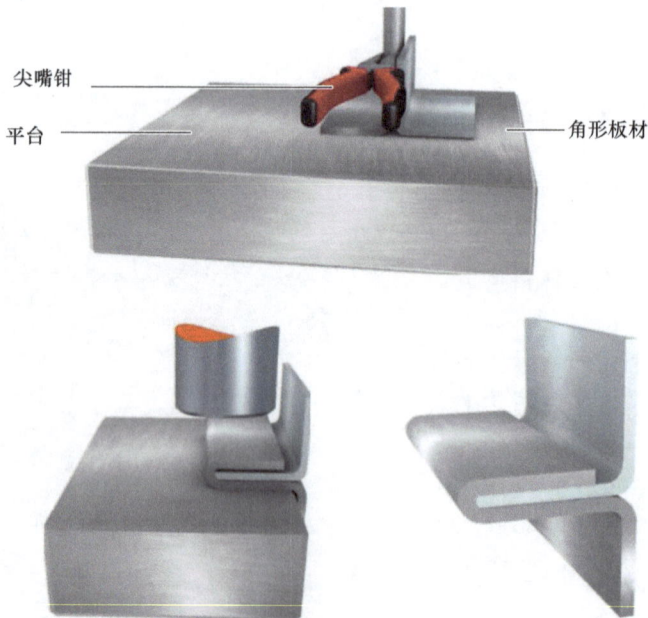

尖嘴钳

平台

角形板材

图 2-65　立式单咬缝

立式单咬缝

4）立式双咬缝。立式双咬缝的操作步骤如下：

首先，将两块角形板材垂直 90° 放置平台上并用尖嘴钳将短的角形材料水平弯曲 90°，再弯曲 90°。

接着，将长的角形板材向上弯曲 90°，然后水平弯曲 90°，再向下弯曲 90°，再向左水平弯曲 90°。

最后，选用冲压头将两个角形铁紧压到一起，完成工件制作。立式双咬缝如图 2-66 所示。

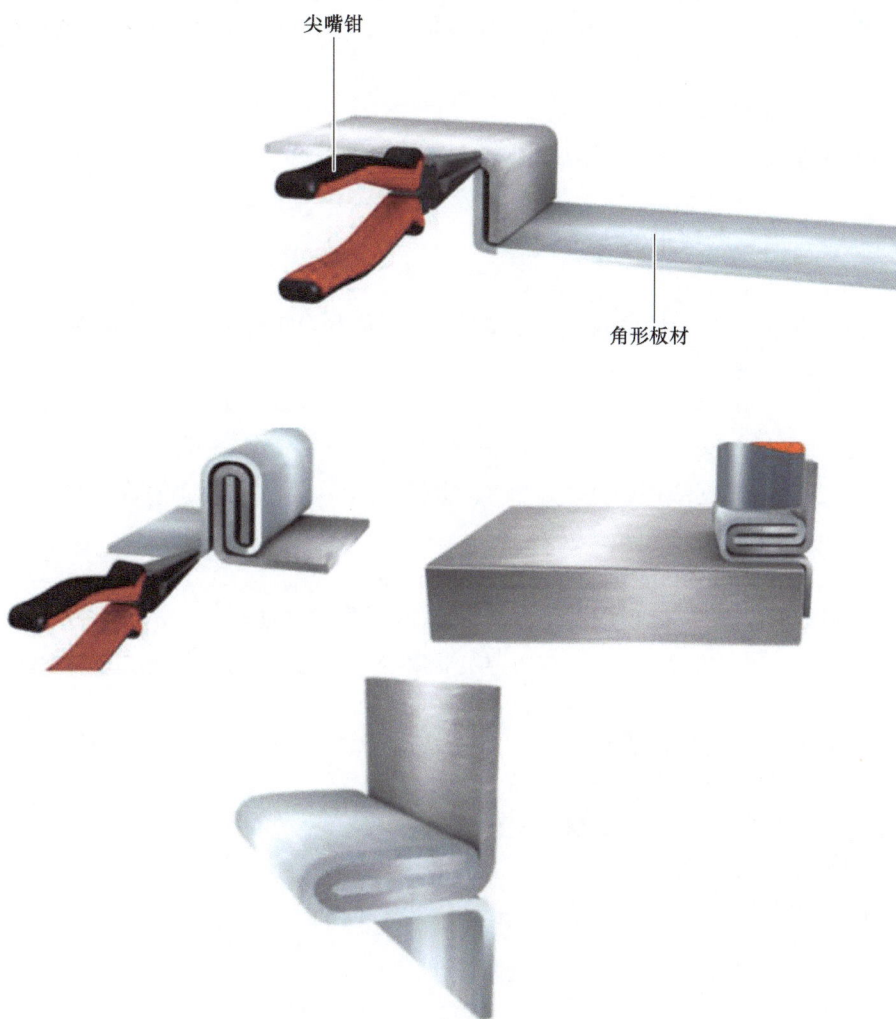

图 2-66　立式双咬缝

3. 咬缝余量

咬缝零件下料时，注意留出咬缝余量，咬缝余量应根据咬缝宽度和扣合层数来计算。

咬缝宽度与板厚有关。一般厚度在 0.5mm 以下的板料，其咬缝宽度为 3~4mm；厚度为 0.5~1mm 的板料，咬缝宽度为 5~7mm。

任务练习

1. 判断题

1）手工弯曲是借助手工夹具和垫块，通过手工操作弯曲板料，使板料弯曲成模型。
（　　）

2）弯曲件展开长度尺寸等于其各直线部分长度与圆弧部分长度尺寸之差。 （　　）

3）将坯料四周起皱收边，而中间打薄锤放，使毛坯加工成半球形或其他所需形状的工艺操作是拱曲。 （　　）

4）放边有打薄放边和拉薄放边两种制作方法。 （　　）

5）咬缝可以将板件连接牢固，但不可用来代替焊接连接。 （　　）

2. 单选题

1）使工件单边起皱收缩弯曲成形的方法是（　　）。

A. 收边　　　　　B. 放边　　　　　C. 弯曲　　　　　D. 咬缝

2）卷边时将板料放在平台上，使其伸出平台的尺寸长度为 $D/2$ 长度。压紧板料，用锤子敲打伸出平台部分的边缘，使之向下弯曲成（　　）。

A. 70°~80°　　　B. 75°~85°　　　C. 80°~90°　　　D. 85°~95°

3）下列哪项不属于收边类型。（　　）

A. 收缩机收边　　B. 起皱钳收边　　C. 型胎收边　　　D. 起皱模收边

4）厚度为 0.5~1mm 的板料，咬缝宽度应为（　　）。

A. 3~4mm　　　　B. 5~7mm　　　　C. 5~8mm　　　　D. 3~5mm

5）用收边的方法可以把直角板材收成一个（　　）曲线形弯边工件。

A. 凹　　　　　　B. 凸　　　　　　C. 平板　　　　　D. 圆板

3. 简答题

1）简述弯 Z 形件制作工艺的操作步骤。

2）角式咬缝和平式单咬缝的制作有什么差异？

3）现有一块零件需要打薄，请简述打薄的操作步骤。

4）简述拔缘的作用与类型。

5）简述制加强筋的作用。

项目三　损伤判断

　　车身经历过碰撞后损伤状况复杂，但构件损伤有一定规律，即同种加强形式的构件其损伤类型通常是一样的。在修复损伤时，将整个车身的损伤分解为若干个小的损伤区域再分别修复可以提高工作效率，并有利于减少维修造成的二次损伤，保证全车身的总体强度。

　　作为车身维修工作人员，必须要能够对损伤程度做出判断并了解损伤修复流程。本项目分两个任务进行介绍，分别是：车身损伤判断和损伤修复顺序的制订。

任务一

车身损伤判断

任务目标

1. 判断车辆损伤情况。
2. 描述直接损伤和间接损伤的差别。
3. 列举间接损伤的分类。
4. 描述非承载式车身车架损伤与承载式车身损伤的差别。
5. 描述非承载式车身车架损伤与承载式车身损伤的分类。

任务实施

一、按损伤情况判断

目前，事故车按照受损情况可以分为两种形式，即轻微损伤车辆和严重损伤车辆。

1. 轻微损伤

轻微损伤主要是指车身外板件的变形，所进行的修理工作主要是对外板件的外部安装件进行整形。

2. 严重损伤

严重损伤的车辆，除了车身的外部板件变形外，车身的结构件也发生弯曲、扭曲等变形，非车身零部件也会有损伤，一般需要通过矫正平台才能完成修复工作。

二、按损伤原因判断

按照汽车的损伤原因和性质区分，可以分为直接损伤和间接损伤。

1. 直接损伤

直接损伤又称为一次损伤，是指汽车发生事故时，车身与其他物体直接碰撞而导致的损坏。直接碰撞点为车辆前方，推压前保险杠、车辆前翼子板、进气格栅、发动机舱盖、车灯等。其特征是车身以外的物体直接冲击车身时，在着力点上形成以擦伤、断裂或划痕为主要形态的损坏。

在所有损伤中，直接损伤通常只占10%~15%，但是，如果碰撞中产生了一条很长的擦伤或折痕，它的损伤会占到80%。如今汽车上使用的金属往往太薄，难以重新加工，矫正修复需花费很多时间，所以一般不对直接损伤部位进行修复。

2. 间接损伤

间接损伤又称为二次损伤，间接损伤是由直接损伤引起的，间接损伤点通常离碰撞点会有一定的距离，它是因碰撞力传递而导致在直接损坏周围区域的折损和挤压变形。

在所有损伤中，间接损伤占绝大多数，所有非直接的损伤都可以认为是间接损伤。各种构件受到的间接损伤都会产生同样的弯曲、压缩，而80%~90%的金属板都可以采用同样的修理方法。但由于损伤部位的尺寸、硬度和位置的不同，需要选用不同的修理工具。

（1）按折损情况分。间接损坏变形多种多样，根据板件折损情况，可以分为单纯铰折、凹陷铰折、凹陷卷曲以及单纯卷曲。

1）单纯铰折。单纯铰折的弯曲过程像一个铰链，沿着其整个长度均匀弯曲。产生这种变形时，金属上部表面受到拉力产生拉伸变形，下部表面受到挤压产生压缩变形。单纯铰折总是形成一条直线形的折损，以实心金属板居多。

2）凹陷铰折。凹陷铰折是箱形截面弯曲，中心线没有强度，顶部金属板被向下拉产生凹陷，底部金属板受两边压力产生铰折，侧面产生折皱。

3）凹陷卷曲（图3-1）。当折损穿过金属板时，它不仅使箱形截面完全或局部产生收缩，还会使它穿过的拱形表面产生收缩，使金属板的内部向外翻卷，使折损部位长度增加，这就是凹陷卷曲。

4）单纯卷曲（图3-2）。发生凹陷卷曲时，在凹陷卷曲部位的旁边会发生折损，这些折损都位于金属板的拱形部分，与凹陷卷曲形成一个箭头形，这就是单纯卷曲。

图3-1 凹陷卷曲

（2）按折损产生的原因分

1）波及损伤。指碰撞力作用于车身并分解后，其分力在经过车身构件过程中对强度和刚度较弱的构件产生的损伤。

2）诱发性损伤。由于一个或一部分车身构件发生损坏或变形后，通过压迫、拉伸等进一步引起关联件产生的损伤。

3）惯性损伤。汽车发生碰撞或紧急制动时，由于装配在车身上的发动机、底盘各总成和载运人员等的惯性力作用对汽车碰撞导致的损伤。

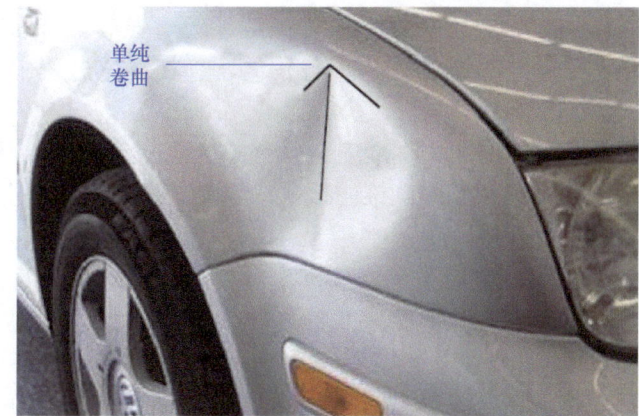

图3-2 单纯卷曲

三、按车身结构判断

1. 非承载式车身的车架损伤

（1）上下弯曲　当汽车受到前、后方向来的碰撞力作用时，车架的某些位置通常会出现比正常情况低或高的状态，这就是上下弯曲。可以通过翼子板与车门之间的缝隙是否在顶部变窄、下部变宽，车门是否下垂来判断车架是否有上下弯曲变形。

（2）左右弯曲　当汽车的前部、中部或后部受到横向碰撞力时，会造成车架发生侧向弯曲变形，即左右弯曲。可以通过因受压收缩一侧的车门间隙是否变窄，因拉伸变形一侧的车门间隙是否扩大，行李舱盖和发动机舱盖的开关是否流畅，某侧纵梁的内侧和对面纵梁的外侧是否有折皱凸痕来判断是否有左右弯曲变形。

（3）凹陷变形　车身板件由于碰撞力的挤压作用，造成某一部分尺寸比正常尺寸短的变形即凹陷变形，严重时会出现断裂损伤。可以通过翼子板、挡泥板、发动机舱盖、车架各种梁是否出现皱痕、裂纹和严重扭折变形来判断是否发生凹陷变形。凹陷变形一般对车门无太大影响。

（4）菱形变形　菱形变形又称为错移损坏，是指汽车的某一侧在前方或是后方受到猛烈碰撞后，整个车架歪斜近似平行四边形的损伤。可以通过发动机舱盖或行李舱盖是否发生错位，后车轮挡泥板附近的接合处是否发生扭曲变形，乘员舱或行李舱底板上是否出现皱缩或扭曲的现象来判断是否发生菱形变形。菱形变形通常与上下弯曲或凹陷同时发生。

（5）扭转变形　当车身一侧的前端或后端受到向下或向上的碰撞力作用时，变形以相反方向向另一端发展，出现车辆的某一角比正常情况高或相邻两角都比正常位置低的变形称为扭转变形。需要注意的是，扭曲变形一般出现在车架变形的情况，此时其他板件好像没有任何损伤，但其实扭转变形往往都隐藏在底层。

车身维修有一个基本原则，也是最基本的方法，即对车身进行测量与维修时，顺序与变形产生的顺序相反。

2. 承载式车身的损伤

承载式车身是刚性结构，在设计上可以很好地吸收碰撞时产生的能量。承载式车身由于没有车架，车身壳体由薄板类构件焊装而成，直接承受各方向作用力。碰撞发生时，冲击的能量以圆锥形向其他地方扩散，碰撞力对车身的破坏呈递进过程，碰击处就相当于圆锥顶点，碰撞冲击波作用于各构件，并在传递过程中不断地被吸收、衰减，直到碰撞力全部消失。

圆锥的中心线指向碰撞方向，碰撞力沿车身传播的方向和区域，像圆锥截面一样沿轴线扩大，碰撞点即圆锥的顶点，是直接损伤区，冲击波沿着车身传递而产生的损坏就是间接损伤。

（1）分类　按照碰撞发生的部位，承载式车身损伤分为车身前部碰撞变形、车身后部碰撞变形、车身侧面碰撞变形、汽车顶部碰撞变形。

1）车身前部碰撞变形（图3-3）。车身前部碰撞变形是由于车头撞上另一辆车或其他物体引起的损坏，汽车前部碰撞的冲击力取决于汽车的质量、速度、碰撞范围及碰撞物。

图 3-3　车身前部碰撞变形

碰撞程度较轻时，保险杠会被撞凹，产生直接损伤。前纵梁、保险杠支承、前翼子板、散热器支座、散热器支承以及发动机舱盖锁紧支承也会折曲。

碰撞力较大时，前翼子板将被撞到前门上；发动机舱盖铰链会上弯，接触到发动机舱盖；前纵梁会产生折皱，与悬架所在横梁接触。

碰撞力足够大时，前翼子板等将严重损坏，窗柱和前车身支柱，特别是前门铰链上部区域将弯曲，前轮定位改变，造成转向装置及其支座损坏。

2）车身后部碰撞变形（图 3-4）。车身后部碰撞变形是由于汽车倒车时撞上其他物体或被后面汽车追尾碰撞引起的损坏，其损坏程度取决于碰撞面积、碰撞对象以及汽车质量。

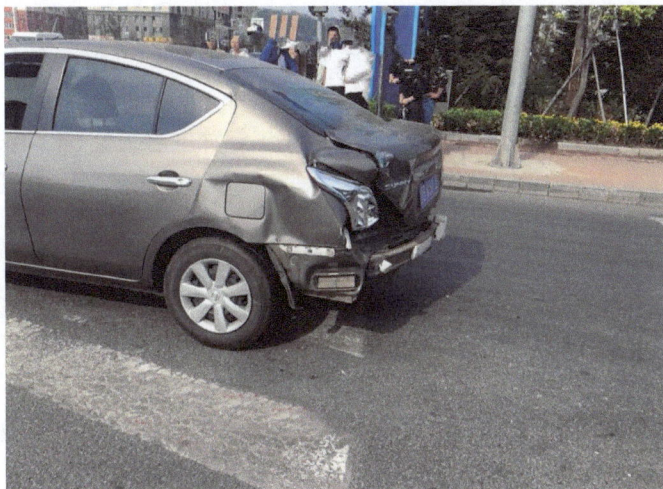

图 3-4　车身后部碰撞变形

当碰撞力较小时，后保险杠、后车身板、行李舱和地板等会变形，车轮上方的后侧围板也可能凸出。

当碰撞力较大时，后侧围板会折撞到车顶，造成车身上部在车顶板和后角板接合处产生变形，后车身底板、纵梁也会变形。

3）车身侧面碰撞变形（图 3-5）。车身侧面变形主要是因为侧面受到碰撞。

当碰撞力较小时，会对车身翼子板、挡泥板、后侧围板等侧面壁板产生损伤。

当碰撞力较大时，车门、中支柱、车顶板会变形。

当碰撞力足够大时，地板、门槛板会变形，导致前后轮距、轴距参数发生变化。

4）汽车顶部碰撞变形（图3-6）。车身顶部变形是由于物体从高空坠落砸伤汽车或汽车翻滚时引起的损坏，其损伤程度可以根据车窗及车门的变形来确定。

图3-5 车身侧面碰撞变形

轻微车身顶部变形时，车顶板会损坏。较严重的有车顶纵梁、后侧围板和车门以及车窗的损坏，车身支柱和车顶板会弯曲。严重时，特别是车辆发生翻滚时，还会造成车身前部或后部的损坏。

（2）损伤顺序 承载式车身碰撞损坏是按弯曲变形、断裂变形、增宽变形和扭转变形的顺序进行的。

1）弯曲变形。汽车结构具有弹性，在汽车发生碰撞时，振动会传递到较远距离的大部分区域，使中央结构发生横向或垂直方向的弯曲变形。

图3-6 汽车顶部碰撞变形

左右弯曲变形可以测量宽度或对角线；上下弯曲变形可以通过测量车身部件高度来判断是否超出配合公差。

2）断裂变形。当碰撞过程持续进行时，碰撞点会发生显著挤压，碰撞的能量会被结构的变形吸收，而较远距离的部位可能会皱折、断裂或松动。断裂变形可以通过测量车身部件长度是否超出配合公差来判别。

3）增宽变形。对于设计良好的整体式车身结构，碰撞发生时，碰撞力会使侧面结构偏向外侧弯曲，使弯曲偏离乘客，同时侧梁和车门缝隙也将变形。增宽变形可以通过测量车身宽度是否超出配合公差来判别。

4）扭转变形。扭转变形是碰撞的最后结果，即使最初的碰撞直接作用在中心点上，再次的冲击依然能够产生扭转力引起汽车结构的扭转损伤。扭转变形也可以通过测量其高度是否超出配合公差进行判别。

任务练习

1. 判断题

1）轻微损伤主要是指车身外板件的变形。 （ ）

2）严重损伤需要通过校正平台完成修复工作。 （ ）

3）如今汽车上使用的金属往往太薄，难以重新加工，校正修复需花费很多时间，所以一般不对直接损伤部位进行修复。 （　　　）

4）直接损伤是指车身与其他物体直接碰撞而导致的损坏。 （　　　）

5）在所有损伤中，直接损伤占绝大多数。 （　　　）

2. 选择题

1）间接损伤是因碰撞力传递而导致在直接损坏周围区域的（　　　）。【多选】

A. 折损　　　　　　　B. 挤压变形　　　　　　C. 擦伤　　　　　　　D. 划痕

2）（　　　）的弯曲过程像一个铰链，沿着其整个长度均匀弯曲。

A. 单纯卷曲　　　　　B. 凹陷卷曲　　　　　　C. 单纯铰折　　　　　D. 凹陷铰折

3）（　　　）发生时，箱形界面会完全或局部产生收缩，还会使它穿过的拱形表面产生收缩，使金属板的内部向外翻卷，使折损部位长度增加。

A. 单纯卷曲　　　　　B. 凹陷卷曲　　　　　　C. 单纯铰折　　　　　D. 凹陷铰折

4）（　　　）是指碰撞力作用于车身并分解后，其分力在经过车身构件过程中对强度和刚度较弱的构件产生的损伤。

A. 间接损伤　　　　　B. 直接损伤　　　　　　C. 诱发性损伤　　　　D. 波及损伤

5）（　　　）是由于一个或一部分车身构件发生损坏或变形后，通过压迫、拉伸等进一步引起关联件产生的损伤。

A. 间接损伤　　　　　B. 直接损伤　　　　　　C. 诱发性损伤　　　　D. 波及损伤

3. 简答题

1）判断非承载式车身车架是否上下弯曲变形的方法是什么？

2）判断承载式车身是否发生弯曲变形的方法是什么？

3）承载式车身的增宽变形有什么特点？

4）承载式车辆发生前部碰撞变形的冲击力取决于哪些条件？

5）承载式车辆发生后部碰撞变形时，碰撞力大小的不同分别会造成哪些不同影响？

任务二

损伤修复顺序的制订

任务目标

1. 计算碰撞力的大小并判断碰撞力方向。

2. 描述车身吸能装置原理和应力产生的原因。

3. 描述损伤修复顺序并选择合适的损伤修复方法。

任务实施

一、碰撞力

碰撞力是汽车发生事故时，受到其他汽车或物体的冲击外力。这种冲击力在其他因素作用下会形成一种冲击能量，达到一定程度就能对汽车造成破坏。冲击力越大，冲击能量越大。

汽车碰撞时所受力的大小与其运动状态、碰撞体形式、碰撞持续时间、碰撞后的运动状态等有关；车身损伤程度则主要与碰撞对象、碰撞角度以及碰撞状态有关。

1. 碰撞力的大小

汽车发生碰撞后，其撞击力可由下式计算

$$P = \frac{m(v_{初} - v_{末})}{t}$$

式中　P——发生碰撞后的撞击力（N）；

　　　m——车辆的总质量（kg）；

　　　t——相撞持续时间（s）；

　　　$v_{初}$——车辆初速度（m/s）；

　　　$v_{末}$——车辆末速度（m/s）。

若车辆与固定刚性体发生碰撞，因固定刚性体总质量可以视为无穷大，碰撞不会产生位移且吸收能量小，因此碰撞车速瞬间降为零，则

$$P = \frac{mv_{初}}{t}$$

此种碰撞方式能量全部都被车辆吸收，因此对车辆损伤最大。

若车辆与非固定体相撞，则需要具体问题具体分析。

1）与迎面开来的汽车相对碰撞时，碰撞力为

$$P=\frac{(m_1v_1+m_2v_2)}{t}$$

式中　P——发生碰撞后的撞击力（N）；

　m_1、m_2——相撞两物体的质量（kg）；

　v_1、v_2——碰撞时两物体的速度（m/s）；

　　　　t——相撞持续的时间（s）。

2）与同方向行驶汽车追尾碰撞时，碰撞力为

$$P=\frac{(m_1v_1-m_2v_2)}{t}$$

由1）、2）可以看出，若车辆以相同的条件行驶，相对碰撞对车辆影响较大。

2. 碰撞力的作用点

碰撞对车身损伤程度除了取决于碰撞力，还取决于车身着力点。在其他条件等同时，如果车身以平面与另一个平面相撞，此时车身受到的损伤将比车身以较小的端面与另一个非平面物体相撞时损伤小。

碰撞力的作用点主要体现在相撞物体和车辆撞击位置上。可以用碰撞力与碰撞面积来分析

$$f=\frac{F}{A}$$

式中　f——单位面积上所受到的碰撞力；

　　F——碰撞力（N）；

　　A——碰撞力作用面积（m²）。

通过上式可以看出，在碰撞力相同的情况下，面积大的物体对汽车的碰撞损伤相对小一些。

3. 碰撞力的方向

碰撞力方向不同，对构件造成的损坏形式不同，对相同构件的损伤程度也不同。车辆受到撞击时，撞击力将以一个角度传入车辆内，并将撞击力分成垂直、纵向和水平方向的分力。

假设撞击力 A'—A 以水平夹角 α 作用在右前翼子板的 A 点，则这个力可以分解为两个分力：A—B 垂直分力和 A—C 水平分力（图3-7a）。

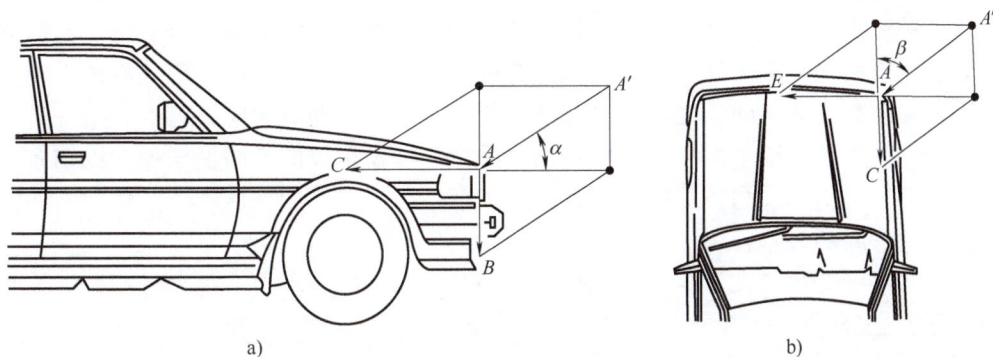

a)　　　　　　　　　　　　　　b)

图 3-7　撞击力方向

如果撞击力以一个横向夹角 β 作用在 A 点，则这个力可以分解为 A—C 纵向分力和 A—E 横向分力（图 3-7b）。因此，车辆受到 A'—A 的撞击力时会产生三个分力：将翼子板往下推的 A—B 分力，将翼子板朝发动机舱盖方向推的 A—E 分力和将翼子板往后推的 A—C 分力。

碰撞力对汽车造成冲击时，碰撞力是否通过汽车重心对汽车造成的伤害也不一样。撞击力方向与汽车重心位置重合的称作向心式碰撞；撞击力方向与汽车重心位置不重合的，称为偏心式碰撞。若撞击力没有经过车辆重心，车辆会产生旋转运动，受损减轻；若撞击力方向经过重心，车辆不会旋转，会产生比预期严重的损伤（图 3-8）。

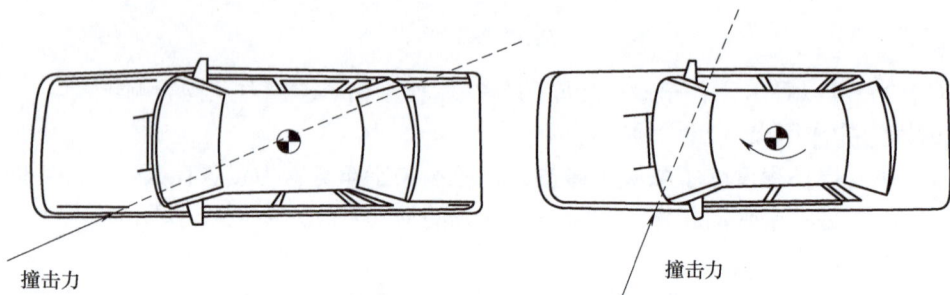

图 3-8　撞击力与车辆重心

二、应力集中

1. 车身吸能装置原理

如何在汽车高速行驶中发生碰撞事故时最大限度地减少对车内人员的伤害，是汽车车身设计需要重点考虑的问题。在重大的汽车事故中，绝大多数都是正面碰撞，所以汽车在车身前部都设计了吸能区。

吸能区包括防撞梁以及吸能溃缩区，是车身设计制造的薄弱环节。其原理是采用刚性较低的金属构件，安置于车身的前部和后端，这些构件在受到撞击时，会通过折叠和变形的形式减缓撞击时间、化解一部分撞击能量，从而降低传递至乘客身上的冲击力。

2. 车身应力集中部位

在检查车身损伤情况时，熟悉车身的吸能区特点和吸能构件的位置，有利于更好地判断损伤程度、找到损伤位置。

当一个截面积处处相等的物体受到拉伸或压缩负荷时，该物体所有截面将受到恒量应力作用。然而，若截面存在小缺口，因固定螺钉或其他因素而改变，则该部位将产生较大的应力，物体可能破裂。因截面积改变而导致该部位应力变大，即称为应力集中。

应力集中的大小会随着深度的加深、角度的变小以及半径的变短而增加。以物体形状改变而截面积不变为例，应力将集中在形状改变的部位，如果作用在该物体的负荷增加，则该部位将发生变形或断裂。

车身应力集中的部位在车身产生损伤时，往往会出现如下现象：

1）车门、发动机、行李舱和车顶有开口变形。

2）挡泥板和纵梁上出现凹坑和皱纹。

3）悬架系统和发动机安装位置产生变形。

4）焊点或焊缝有裂纹。

5）地板支架等变形。

6）防腐层开裂。

3. 应力产生原因

车辆最容易产生应力的原因有三个方面：

（1）变形　汽车碰撞变形，会导致车身板件产生应力。

（2）过热　在拉伸桥正、用钣金锤或垫铁敲打的过程中，会使板件变热，使车身板件产生应力。

（3）不正确的焊接工艺　不正确焊接工艺导致板件变形的主要原因是存在焊接应力。

三、损伤修复顺序制订

汽车碰撞损坏修复的主要过程通常是：校正车身的弯曲、扭转、偏斜等变形板件，更换损坏严重的板件，调整装配车身部件等。在按程序修复之前，先要对碰撞损坏的车辆进行全面、细致的损伤判断。

1. 损伤判断

（1）损伤判断步骤

1）了解受损汽车车身构造类型。

2）目测确定碰撞位置。

3）目测确定碰撞方向、预估碰撞力大小，检查可能有的损伤。

4）确定损伤范围。确定损伤是否在车身范围内，损伤是否涉及汽车功能部件。

5）沿碰撞能量传递路线系统地检查部件的损伤。

6）测量汽车主要技术尺寸参数，确定变形情况。

7）检查悬架和整车损伤状况。

（2）车身损伤判断方法

1）观察法。直接观察损伤部位的损伤形式（如散热器漏水、燃油箱漏油、气管破损漏气等）。此方法适用于钣金件外表面的明显损伤判断。

2）听诊法。听钣金件内部发出的响声，根据响声的特征和规律，对零部件损伤部位进行判断。例如汽车发动机起动后消声器内部发出金属撞击声及不正常振动，则表明消声器的进排气多孔管与隔板、隔板与消声器壳体发生脱焊。

3）测量法。用钢卷尺或专用测量仪器对构件的几何尺寸进行测量，再与原设计要求的几何尺寸进行比较，判断构件是否变形。此方法适用于对构件直线尺寸的测量检验。

4）样板检验法。利用汽车车身是沿纵向轴左右对称的特征，依据未变形构件外形制作检验样板，用样板对变形构件进行对比检验。样板一般采用厚 1.5~2mm，宽约 20mm 的条形铁板或铝板，通过手工放边制作而成。此方法适用于以单一车型为主的车身钣金维修作业。

5）密闭性检验。对密闭容器用水压、气压或加燃油的方式进行渗漏检验，此方法对难以直接观察的微小渗漏部位效果尤其显著。

2. 选择修复方式

（1）轻微损伤修复方式　对于受损较轻微的车辆，修复需要经过判断损伤方法、磨除旧漆、清除隔音材料、手工整形、钢板收缩等步骤，通常会使用钢直尺、钣金锤、单作用打磨机、外形修复机以及车身防锈剂等。

1）判断损伤范围。判断损伤范围一般有三种方法：目视判断、触摸判断、钢直尺判断。

① 目视判断：利用钢板上折射的光线来判断损伤范围和变形程度，判断方法为朝向并直视损伤区域，并且需要移动目视角度。

② 触摸判断：从各个方向触摸损伤区域，但不要施加力量，触摸面积要大。

③ 钢直尺判断：将钢直尺置于未受损钢板面，检测钢直尺与钢板面的间隙；接着将钢直尺置于受损区域，判断受损和未受损区域间隙的差异，此方法能更定量地判断损伤程度。

2）从工作面磨除旧漆膜。将打磨机平放在板件表面，开启打磨机，沿损伤各个方向移动打磨机，不要在一个部位停留过长的时间。当板件损伤较浅时，使打磨机表面与板件表面角度保持在 10°~20° 之间；损伤较深时，角度需要大些，注意不要损坏打磨垫底边缘，打磨后的漆膜边缘应平滑且不能留有台阶。

3）清除板件背面的隔音材料。汽车的隔音材料通常为合成纤维，它用黏结剂黏在车门外面板，可以用小刀沿边缘划出小口，然后将其完整揭下，并用气动錾去除板件上的黏结剂。

4）手工整形。选择合适的锤子和垫铁，并交替使用错位敲击和对位敲击对车身钢板的变形区域进行整形，手工整形的关键在于：

① 判断钢板塑性变形和弹性变形区域。

② 选择合适的锤子和垫铁。

③ 选择敲击方法。根据损伤区域的大小进行选择，小的凹陷或凸起采用对位敲击，大的采用错位敲击。

④ 注意垫铁的支撑位置和锤子的敲击位置。

⑤ 把握敲击的力度和次数，原则是用最少的敲击次数使板件恢复形状和尺寸，并且不能产生新的塑性变形。

5）钢板收缩。触摸已整形部位，判断高点以及变薄的部位，然后使用车身外形修复机对钢板的高点进行收缩。如果没有比较明显的高点，此步可省略。

6）磨除收缩痕迹。用打磨机磨除收缩痕迹，注意不要将板件磨穿。

7）用锉刀进行检查并修整。检查弧形板面时，最好使用可调柔性锉，压到弧形板面时，通过调整可使两端留有一定间隙，方便操作。

8）背面防锈处理。

9）检查维修质量。按照判断损伤范围的方法重新对钢板表面的平整度进行评估，要求误差不超过 1mm，若超出这个范围，必须重新敲平。

（2）严重损伤修复方式　对于损伤严重的车，钣金维修要经过损伤分析、拆卸零部件、拉伸修复、钣金件更换等。

1）拉伸修复。

① 制订拉伸修复方案：拉伸修复方案需要明确拉伸修复的基本内容、决定拉伸方法、固定车身位置、明确拉伸过程中的具体控制方法。

② 拉伸修复准备：选择钣金夹具固定损坏部位，使用选定的钣金夹具进行拉伸修复工

作，对于不方便安装夹钳、强度大的部件，有时需要临时焊上一个带挂钩的钢板或 U 形铁环，拉伸修复结束后再切割掉。

③ 选择拉伸方法实施修复：车身校正的施力方法主要由校正系统的施力装置决定。从校正车身板件的不同位置来分，施力方法主要有水平拉伸、向下拉伸、向上拉伸、向外向下拉伸、向外向上拉伸等拉伸形式，以及与各种支撑方法、拉伸与支撑组合的方法；从施力装置施力的作用来分，有拉伸法和支撑法。

2）钣金件更换。当车身损伤严重且复杂时，一般的钣金整形以及拉伸修复已经不能达到维修目的，此时就需要更换板件。板件更换一般需要使用切割、组焊以及防腐与密封三步工艺流程。

① 切割：车身板件的切割是车身换件维修的最基本工作，常用工具有砂轮机、起动切割锯、气动剪等；常用设备有气割设备和等离子切割机。

进行切割时，首先要确定焊点位置。有些焊点位置靠眼睛观察就能找到；有些必须要把保护涂层清除后才能找到。找到焊点位置后就需要钻除焊点，可使用电钻、焊点切除钻等方法切除焊点。车身上用焊缝连接的位置可以使用砂轮机或其他切断工具去除焊缝。焊点或焊缝被切除以后，可用扁錾和锤子或者气动錾把焊接的板件分离。

② 组焊：拟更换的车身板件拆除后，车身一侧的构件切割端口必然会留下整理痕迹。因此通过修整来使端口达到齐、平、清的良好程度就显得尤为重要。

进行车身板件组焊时，首先需要磨平车身焊接位置的毛刺，用钢丝刷磨去接合处的脏污，然后用锤子和垫铁修整接合位置，在金属暴露的地方加上导电的防锈底漆，其次对准备安装的新件进行同样的操作后钻塞焊孔，然后用锤子和垫铁整平接合位置再进行焊接。

需要注意的是，进行钻塞焊孔时，需要使用维修手册推荐的孔径尺寸，若维修手册中没有则选择 8mm 孔径，并和工厂使用的位置、数量相同即可。

③ 防腐与密封：车身板件经过切割、加热和焊接后必须对维修部位及其板件进行防腐与密封处理，确保维修质量。

在进行防腐密封处理时，首先要判断该板件采用的涂层或密封的类型，并选用合适的防护工具，防止吸入涂层粉末和有毒气体。操作过程中需要注意以下事项：

➢ 外露的车身底部板件表面防腐处理，可以涂上自刻蚀底漆，也可用金属洗涤剂及转化涂层进行处理，并涂上双组分环氧树脂底漆。

➢ 在封闭结构的内表面和车身底部表面使用底层涂料和防腐蚀材料时，必须应用涂料制造商推荐的设备。

➢ 注意不能使防腐材料与导热元件、电子器件、商标、车牌号及移动件接触。

➢ 对有密封要求的车身结构件，在相互搭接的焊接面上要喷涂防锈剂，还需要涂敷点焊密封胶等。

任务练习

1. 判断题

1）碰撞力是汽车发生事故时，受到其他汽车或物体的冲击外力。　　　　　（　　）

2）汽车碰撞时所受力的大小与碰撞对象、碰撞角度以及碰撞状态有关。　　（　　）

3）碰撞对车身损伤程度除了取决于碰撞力，还取决于车身着力点。　　　（　　）

4）在碰撞力相同的情况下，面积大的物体对汽车的碰撞损伤更大。　　　（　　）

5）吸能区包括防撞梁以及吸能溃缩区，是车身设计制造的薄弱环节。　　（　　）

2. 多选题

1）车辆受到撞击时，撞击力将以一个角度传入车辆内，并将撞击力分成（　　）。

    A. 垂直　　　　　　　B. 纵向　　　　　　　C. 水平　　　　　　　D. 横向

2）应力集中的大小会随着（　　）而增加。

    A. 深度加深　　　　　B. 角度变小　　　　　C. 角度变大　　　　　D. 半径变短

3）车辆最容易产生应力的原因有（　　）。

    A. 金属疲劳　　　　　B. 变形　　　　　　　C. 过热　　　　　　　D. 不正确的焊接工艺

4）车身损伤的判断方法有（　　）。

    A. 听诊法　　　　　　B. 观察法　　　　　　C. 测量法　　　　　　D. 样板检验法

5）判断损伤范围的方法有（　　）。

    A. 目视判断　　　　　B. 致密性检验　　　　C. 触摸判断　　　　　D. 钢直尺判断

3. 简答题

1）车身吸能装置的原理是什么？

2）车身应力都集中在哪些部位？

3）车身应力集中的部位在车身产生损伤时会出现哪些现象？

4）使用打磨机时的操作要点有哪些？

5）车身校正的施力方法有哪些？

项目四　拆装作业

　　汽车钣金是车身维修的一种技术手段。当汽车发生碰撞后进行修复时，必须要将维修板件和相关附件拆卸以后才能进行。因此对于汽车钣金技术工来说，掌握拆装工艺流程至关重要。

　　本项目主要介绍车身结构件拆装，包括发动机舱盖拆装、前翼子板拆装、车门及车窗玻璃拆装、行李舱盖拆装、前后保险杠拆装、风窗及天窗拆装和车身内饰件的拆装。

任务一

拆装发动机舱盖

任务目标

1. 描述发动机舱盖的结构与功用。

2. 列举发动机舱盖需要满足的要求。

3. 在规定时间内按照安全操作规范拆卸与安装发动机舱盖。

任务实施

发动机舱盖通常由冷轧钢板制成。目前汽车多用高强度钢板制作发动机舱盖，也有用铝制玻璃纤维和塑料罩制作而成的。

一、发动机舱盖功用

发动机舱盖位于车辆前上部，是发动机舱的维护盖板。它的作用如下。

1. 导流空气

物体作中高速运动时，气流会在运动物体周边产生阻力和扰流，这些阻力和扰流会直接影响物体的运动轨迹和运动速度。发动机舱盖的流线型外形可有效调整空气相对汽车运动时的流动方向和对车产生的阻碍力作用，减小气流影响。通过导流，空气阻力可分解成有益力，提高前轮轮胎对地的附着力，有利于汽车的稳定行驶。

2. 保护发动机及周边管线配件

发动机舱盖下方是汽车的重要组成部分，包括发动机、电路、油路、制动系统以及传动系统等。通过提高发动机舱盖的强度和构造，一方面可以阻止雨水、脏污、风尘等进入发动机舱产生侵蚀；另一方面可以防止发动机舱内污浊、湿热的空气外泄。

3. 美观

车辆外观设计是车辆价值的直观体现之一，发动机舱盖作为整体外观的重要组成部分，对体现车辆价值起着至关重要的作用。赏心悦目的发动机舱盖能够使人们对汽车整体有一个初步了解。

4. 辅助驾驶人视觉

在驾驶汽车的过程中，驾驶人需要通过前方视线和自然光的反射判断路面和前方状况，发动机舱盖外形可有效调整反射光线方向和形式，从而降低光线对驾驶人的影响。

5. 防止意外

汽车运行时，发动机工作在高温高压易燃环境下，因此可能会因为温度过高或元件意外损坏而发生爆炸、燃烧或泄漏等事故。发动机舱盖能够有效阻挡因爆炸引起的伤害，起到防护盾作用；同时还能阻隔空气、阻止火焰的蔓延，降低燃烧风险和损失。

二、发动机舱盖结构

发动机舱盖由多个冷冲压成形的薄板金属件组成，呈骨架形式，一般由外板、内板、锁扣加强板、铰链加强板及铰链组成。

打开发动机舱盖后，内部可见的部分称为内板，内、外板之间通常靠翻边、焊点及胶连接，铰链加强板、锁扣加强板通常焊接在内板上，锁扣加强板有时也会与外板胶接。内板和加强板共同对外板起到了支撑和增强刚性的作用。

发动机舱盖后端依靠两侧的铰链固定在车身上。发动机舱盖前沿靠中部的锁扣与安装在车身上的锁体连接。发动机舱盖内板与车身之间，往往还会布置数量不定的橡胶缓冲块，以利于汽车在行驶过程中保持发动机舱盖的稳定平衡。发动机舱盖内外板、加强板及铰链的材料一般为金属薄板。发动机舱盖如图 4-1 所示。

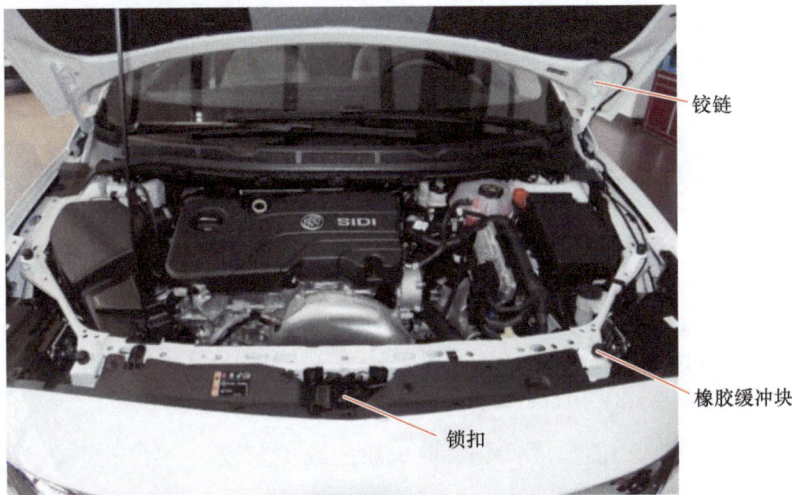

图 4-1 发动机舱盖

三、发动机舱盖拆装要求

1）发动机舱盖打开时通常是向后翻转的，因此发动机舱盖向后翻转至最大开启角度时不能碰到周围部件，要与前风窗玻璃保留至少 10mm 的间距。

2）发动机舱盖应可以打开至某一位置并固定，以满足维修需要。

3）发动机舱盖要有合适的强度，还要具备一定的抗扭转以及弯曲的能力。

4）发动机舱盖要能经受一定条件下的高温、低温和腐蚀的考验。

5）发动机舱盖自身质量要尽量小，一方面是为了提高燃油经济性，另一方面是为了减小打开发动机舱盖的操作力，使操作更加方便。

四、拆装发动机舱盖

1. 拆卸发动机舱盖

1）脱开 2 个卡爪，拆下发动机舱盖护板卡子。

2）用卡子拆卸工具拆下 7 个卡子和发动机舱盖隔垫。

3）拆卸清洗器喷嘴分总成。

4）断开清洗器软管总成。

5）标记铰链相对于发动机舱盖的位置，以便安装时定位。

6）拆卸将发动机舱盖与 2 个铰链固定的螺栓。

2. 安装发动机舱盖

1）按照拆卸时做好的标记对准铰链与发动机舱盖的位置。

2）安装发动机舱盖与铰链的固定螺栓。

3）安装清洗器喷嘴分总成。

4）清洗器喷嘴分总成。

5）使用安装工具安装 7 个卡子与发动机舱盖隔垫。

6）安装发动机舱盖护板卡子，扣紧卡爪。

7）检查清洗器喷嘴分总成。

8）检查发动机舱盖安装效果，确保安装稳固。

任务练习

1. 判断题

1）发动机舱盖只能用高强度钢板制作。 （　　）

2）发动机舱盖的流线型外形可以减小气流对车的影响。 （　　）

3）发动机舱盖可以防止发动机舱内污浊、湿热的空气外泄。 （　　）

4）发动机舱盖通常由热轧钢板制成。 （　　）

5）发动机舱盖位于车辆前上部，是发动机舱的维护盖板。 （　　）

2. 选择题

1）发动机舱盖后端依靠两侧的（　　　），固定在车身上。

    A. 锁扣   B. 铰链   C. 隔音胶   D. 加强梁

2）发动机舱盖前沿，靠中部的（　　　），与安装在车身上的锁体连接。

    A. 锁扣   B. 铰链   C. 隔音胶   D. 加强梁

3）发动机舱盖由多个（　　　）成形的薄板金属件组成，呈骨架形式。

    A. 压力焊   B. 热冲压   C. 冷冲压   D. 熔焊

4）发动机舱盖的内、外板之间通常靠（　　　）连接。

    A. 翻孔   B. 翻边   C. 焊点   D. 胶

5）铰链加强板、锁扣加强板通常（　　　）在内板上。

A. 粘接　　　　　　B. 铆接　　　　　　　C. 螺栓固定　　　　D. 焊接

3. 简答题

1）发动机舱盖是如何导流空气的？

2）除了导流空气，发动机舱盖还有哪些功用？

3）发动机舱盖的结构是什么？

4）发动机舱盖在什么位置放置橡胶缓冲块？有什么作用？

5）发动机舱盖的制作要求有哪些？

任务二
拆装前翼子板

任务目标

1. 描述翼子板的结构形式。
2. 列举翼子板的使用材料。
3. 在规定时间内按照安全操作规范拆卸与安装前翼子板。

任务实施

一、翼子板的结构形式

汽车的翼子板是指遮盖车轮的车身外板，因在旧式车身上形状及位置似鸟翼而得名。汽车车身总成共有四个翼子板，分布于车身的四角处。按照安装位置分为前翼子板和后翼子板。其中，前翼子板分为左前翼子板、右前翼子板；后翼子板分别为左后翼子板、右后翼子板。

前翼子板由内板加强件和外板覆盖件组成，内板加强件采用电阻点焊或树脂胶接等形式将其连成一体。前翼子板分别与前围护板及发动机舱盖相接，里端衬有左右两个护轮板，左、右两个前翼子板罩住左、右两个前轮的上半部。汽车前翼子板外板覆盖件采用螺栓（钉）连接方式固定，它与车轮拱形罩同属前车身的主要覆盖件。

后翼子板略呈拱形弧线且向外凸出，分别与后围护板及后车门相连，里端同样衬有左右两个后护轮板，左、右两个后翼子板罩住左、右两个后车轮，具有挡住后轮行驶时带起的泥水的作用。汽车后翼子板一般采用焊接的方式连接在车身上。前、后翼子板安装位置如图4-2所示。

前翼子板   后翼子板

图4-2　前、后翼子板安装位置

二、前翼子板材料

在汽车行驶过程中，翼子板可以防止卷起的砂石、泥浆溅到车厢底部。因此要求翼子板的材料具有耐气候老化和良好成形加工性的特点。实践证明，车辆前翼子板的材料多种多样，最常见的材料是钢板和塑性材料。从目前大多数车型来看，翼子板材料所采用的是高强度镀锌钢板，属于低碳钢。塑性材料是翼子板材料的发展趋势，因为塑性材料强度低，发生碰撞时对行人的伤害小，提高了车辆对行人的保护性能。此外，塑性材料可承受一定的弹性变形，能抵御轻微碰撞，且维修简单。

三、拆装前翼子板

1.拆卸左前翼子板

1）选用套筒、接杆和棘轮扳手拧松前照灯上部固定螺栓，如同 4-3 所示。

拆卸左前翼子板

图 4-3　拧松前照灯上部固定螺栓

2）拧松前照灯左侧和下部固定螺栓，如图 4-4 所示。
3）旋出前照灯固定螺栓并取下。

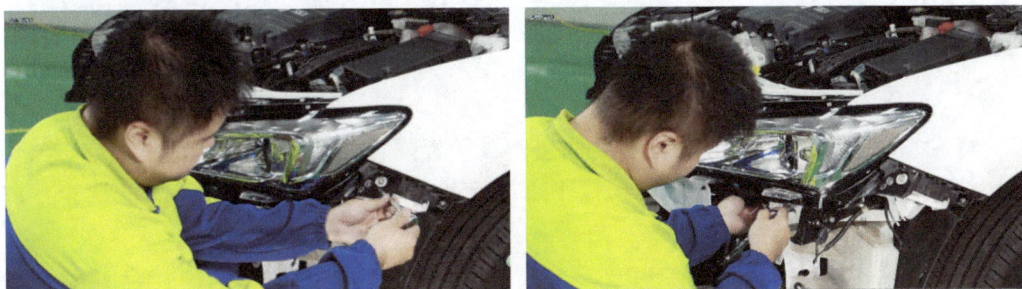

图 4-4　拧松前照灯左侧和下部固定螺栓

注意事项

旋松固定螺栓后不要依次全部取下，应留下侧面固定螺栓或上部固定螺栓，确保前照灯不会在拆卸过程中掉落损坏。

4）抽出前照灯总成，按压锁舌，断开线束接插器，取下前照灯总成，如图4-5所示。

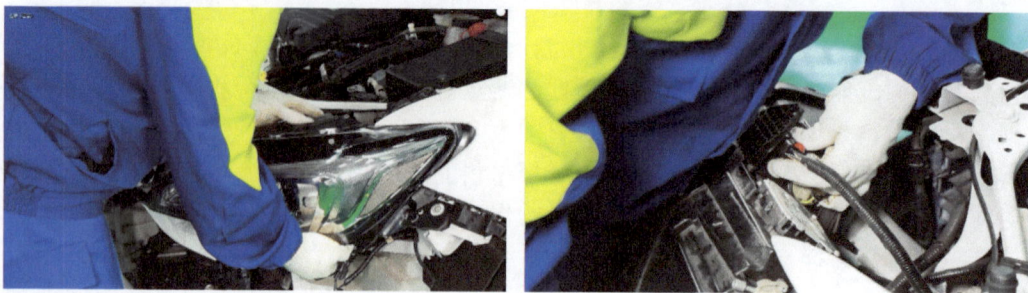

图4-5　取下前照灯总成

注意事项

取下车灯时，必须佩戴干净的手套，防止汗液或油脂腐蚀灯罩表面。

5）拆卸三角饰板盖，如图4-6所示。

6）选用T10花型螺钉旋具拧松前轮室罩后部三颗固定螺栓，旋出前轮室罩固定螺栓并取下，如图4-7所示。

图4-6　拆卸三角饰板盖　　　　图4-7　旋出前轮室罩固定螺栓并取下

7）将轮室罩从翼子板上分离，然后取出前翼子板隔板，如图4-8所示。

8）使用套筒和棘轮扳手拧松翼子板下部固定螺栓，旋出翼子板下部固定螺栓并取下，如图4-9所示。

图4-8　取出前翼子板隔板　　　　图4-9　旋出翼子板下部固定螺栓并取下

9）使用套筒、接杆和棘轮扳手拧松并旋出翼子板内侧固定螺栓，如图4-10所示。

图4-10 拧松并旋出翼子板内侧固定螺栓

10）拆卸翼子板前部两颗固定螺栓，如图4-11所示。

图4-11 拆卸翼子板前部两颗固定螺栓

11）以同样方法拆卸翼子板上部两颗固定螺栓。

12）一人扶稳翼子板，另一人用套筒、接杆和棘轮扳手拆卸翼子板调整螺栓，如图4-12所示。

13）取下左前翼子板，如图4-13所示。

图4-12 拆卸翼子板调整螺栓

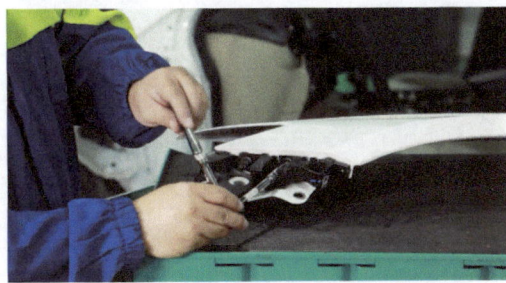

图4-13 取下左前翼子板

14）使用套筒、棘轮扳手拧松前保险杠支架固定螺栓并旋出，如图4-14所示。

15）从翼子板上分离保险杠固定支架，作业完成。

2.安装左前翼子板

1）对齐安装孔，将保险杠支架安装到翼子板上并旋入固定螺栓，如

安装左前翼子板

75

图 4-15 所示。

2）使用套筒、接杆和棘轮扳手旋紧固定螺栓并紧固，如图 4-16 所示。

图 4-14 拧松前保险杠支架固定螺栓并旋出

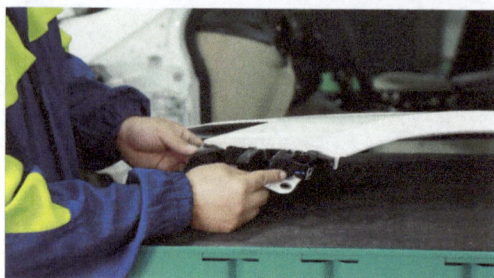

图 4-15 将保险杠支架安装到翼子板上并旋入
固定螺栓

图 4-16 旋紧固定螺栓并紧固

3）将翼子板安装到车身上，旋入并旋紧翼子板固定螺栓，如图 4-17 所示。

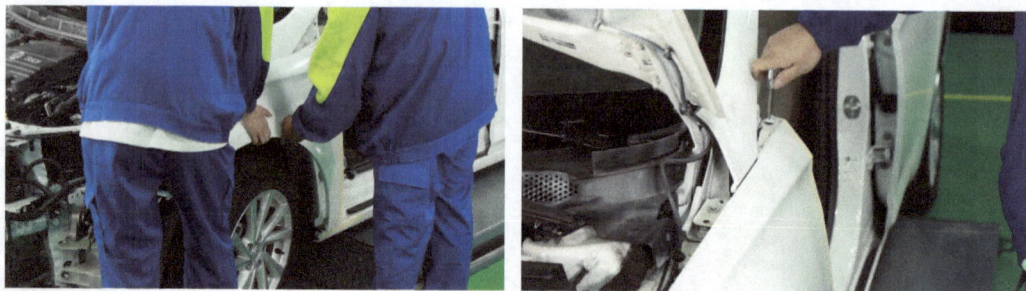

图 4-17 旋入并旋紧翼子板固定螺栓

4）关闭发动机舱盖，检查翼子板板件缝隙，如图 4-18 所示。

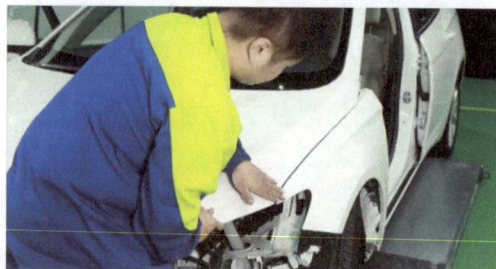

图 4-18 检查翼子板板件缝隙

5）旋入翼子板前部固定螺栓，使用套筒、接杆和棘轮扳手安装并紧固翼子板前部固定螺栓，如图4-19所示。

图 4-19 安装并紧固翼子板前部固定螺栓

6）旋入下部固定螺栓，检查翼子板与门槛结合面是否平整，调整翼子板位置。

7）安装翼子板下部固定螺栓，如图4-20所示。

8）安装翼子板内部固定螺母，如图4-21所示。

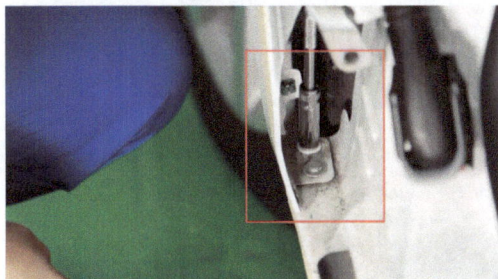

图 4-20 安装翼子板下部固定螺栓

图 4-21 安装翼子板内部固定螺母

9）对齐安装孔，安装三角饰板，如图4-22所示。

10）根据左、右标记安装翼子板隔板，如图4-23所示。

图 4-22 安装三角饰板

图 4-23 安装翼子板隔板

注意事项

翼子板隔板安装错误或安装不到位，都可能引发车辆行驶时发出异响。

11）将前轮室罩扣合到翼子板上。

12）旋入三颗固定螺栓，使用 T10 花型螺钉旋具安装并紧固前轮室罩固定螺栓，如图 4-24 所示。

图 4-24　安装并紧固前轮室罩固定螺栓

13）佩戴干净手套，将前照灯总成安装到车身上。

14）连接线束接插器，确保线束连接可靠，安装前照灯总成，如图 4-25 所示。

15）旋入前照灯上部固定螺栓，然后旋入左侧固定螺栓和下部固定螺栓，并依次紧固前照灯固定螺栓，如图 4-26 所示。

图 4-25　安装前照灯总成

图 4-26　紧固前照灯固定螺栓

16）作业完成。

任务练习

1．判断题

1）汽车上的前后翼子板都是可拆卸的。　　　　　　　　　　　　　　　　　　　（　　）

2）汽车前翼子板一般是用焊接的方式连接在车身上的。　　　　　　　　　　　　（　　）

3）翼子板的作用是在汽车行驶过程中防止被车轮卷起的砂石、泥浆溅到车厢底部。

（　　）

4）汽车前翼子板外板覆盖件采用螺栓（钉）连接方式固定。　　　　　　　　　　（　　）

5）左右两个前翼子板分别与后围护板及发动机舱盖相接，并将左、右两个前轮的上半部罩住，里端衬有左、右两个轮罩。　　　　　　　　　　　　　　　　　　　　　（　　）

2. 选择题

1）车辆前翼子板最常用的材料是（　　　）。

A. 钢板　　　　　　　　B. 塑性材料　　　　　C. 碳纤维　　　　　　D. A 和 B

2）选用（　　　）拧松前轮室罩后部 3 颗固定螺栓，旋出固定螺栓并取下。

A. T10 花型螺钉旋具　　　　　　　　B. 一字螺钉旋具

C. 套筒　　　　　　　　　　　　　　D. 棘轮扳手和套筒

3）当代整体式车身上，应用强度最高的部件是（　　　）。

A. 中立柱　　　　　　　B. 门槛板　　　　　　C. 翼子板　　　　　　D. 发动机舱盖

4）后翼子板产生碰撞之后，应尽可能采取（　　　）方式进行维修。

A. 整形修复　　　　　　B. 更换板件　　　　　C. 无损伤修复　　　　D. 焊接

5）拆卸前翼子板之前需要拆卸（　　　）部件。【多选题】

A. 前保险杠　　　　　　B. 前照灯　　　　　　C. 发动机舱盖　　　　D. 前车门

3. 简答题

1）简述前翼子板的作用。

2）简述前翼子板使用什么材料。

3）简述前翼子板的结构组成。

4）更换前翼子板时应注意哪些问题？

5）简述拆卸前翼子板的主要步骤。

任务三
拆装车门

任务目标

1. 描述车门的组成及安装位置。
2. 描述车门的功能和种类。
3. 在规定时间内按照安全操作规范拆卸与安装车门。

任务实施

一、车门的结构组成及安装位置

1. 车门的结构组成

车门由门外板、门内板、门框、门内与门外加强板、门锁加强板、门铰链、门边板和防撞梁等组成。其中，门外板、门内板和加强板都由薄钢板冲压成形，并通过焊接方式连成一个整体的受力结构。车门结构如图 4-27 所示。

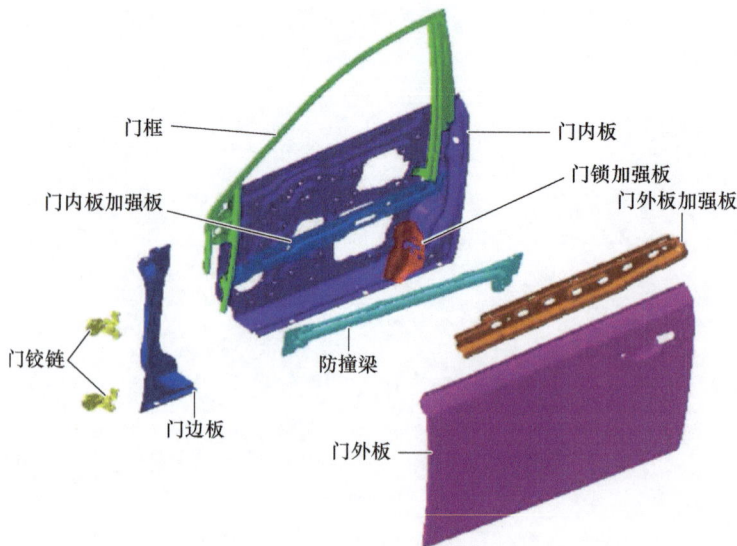

图 4-27　车门结构

2. 车门的安装位置

车辆的前、后车门是依靠两个铰链支承在门框上，以实现车门开闭旋转运动的。这两个铰链在车门前侧，采用隐蔽式布置方式。车门铰链如图 4-28 所示。

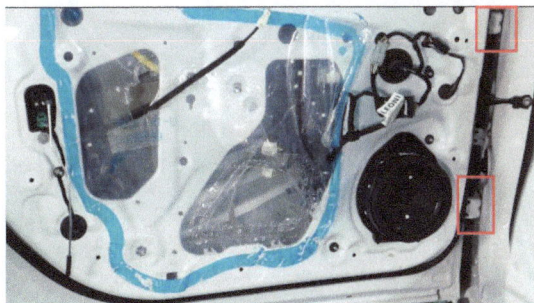

图 4-28 车门铰链

二、车门的功能和种类

1. 车门的功能

车门应具有足够大的强度、刚度和良好的抗振动特性，以满足车门闭合时耐冲击、侧碰时耐碰撞的性能要求。车门覆盖件是通过电阻点焊、车体密封胶、折边等方法连接起来的，主要用于车身外部表面，能防止内部构件腐蚀，能防漏，并起到美化外观的效果。

2. 车门结构类型及特点

车门根据功用划分，可分为驾驶人门、乘客门和安全门。

按照车门的结构特点，可以分为包框车门和硬顶车门。包框车门用金属框架包住车窗玻璃的侧面和顶部，这种车门有助于保持车窗玻璃对正，使车门框架抵住车门开口进行密封，现在车辆一般都采用包框车门。硬顶车门四周没有框架包，车门上的玻璃可以从车门中升起，但是玻璃必须依靠自身与车门开口上的密封条进行密封。

车门在结构上形式多样，大体可分为以下几种。

（1）旋转门 按开启方式分为向前开的顺气门和向后开的逆气门。顺气门的特点是有顺行车气流自动关闭车门的趋势，且便于驾驶人倒车时向后观察，驾驶人方向的门大部分采用顺气门（图 4-29）；逆气门一般是为了上、下方便或适应迎接礼仪的需要才被采用（图 4-30）。

图 4-29 顺气门式

图 4-30 逆气门式

（2）推拉门 推拉门又称为水平移动式门（图 4-31）。其特点是在车身侧壁与障碍物距离较小的情况下仍能全部开启。商用车乘客门较多采用推拉门。

（3）上掀式门 主要应用于轻型商用车、轿车、救护车等车的后门，也应用于低矮的汽车，如图 4-32 所示。

（4）折叠式门：主要用于大、中型客车的乘客门（图 4-33）。这种车门分双扇双开门、双扇单开门、四扇双开门等。

图 4-31　水平移动式

图 4-32　上掀式

（5）外摆式门：外摆式车门开启时，先向外顶出再向旁边摆开，广泛用于大、中型客车及旅游客车的乘客门上（图 4-34）。

图 4-33　折叠式

图 4-34　外摆式

三、拆装车门（以左前车门为例）

1. 拆卸左前车门

1）将胶带纸粘贴到接口处（翼子板接口处、车门接口处、车门下门槛接口处），如图 4-35 所示。

2）打开车门，使用一字螺钉旋具拆车门扶手拉圈饰垫，如图 4-36 所示。

车门拆卸

图 4-35　将胶带纸粘贴到接口处

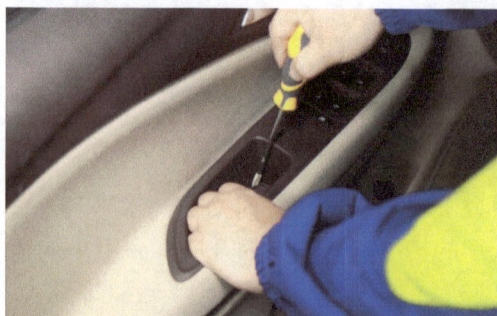

图 4-36　拆车门扶手拉圈饰垫

3）使用套筒、接杆和棘轮扳手拆卸扶手拉圈固定螺栓，如图 4-37 所示。

4）取下门锁把手装饰盖，拧松固定螺栓后旋出并取下。

5）使用头部缠有胶带的一字螺钉旋具从后部撬松卡扣，取出扶手拉圈总成，如图4-38所示。

图 4-37　拆卸扶手拉圈固定螺栓

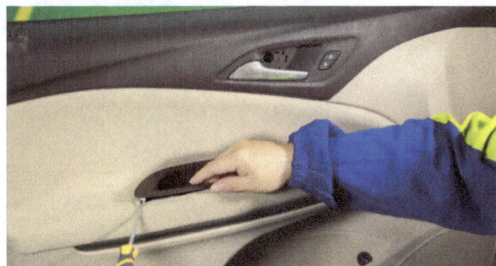

图 4-38　取出扶手拉圈总成

6）按压锁舌断开主控开关线束接插器，拆卸后视镜开关线束接插器，如图4-39所示。

7）撬开车门饰板固定卡扣（图4-40），向外提起车门饰板。

图 4-39　拆卸后视镜开关线束接插器

图 4-40　撬开车门饰板固定卡扣

8）松开锁舌，取下门锁拉索，如图4-41所示。

9）断开中控门锁线束接插器和扶手照明灯线束接插器。

10）以同样方法拆卸行李舱盖开关线束接插器，取下车门饰板。

11）使用套筒、接杆和棘轮扳手拧松扶手支架固定螺栓并取下，如图4-42所示。

图 4-41　取下门锁拉索

图 4-42　拧松扶手支架固定螺栓并取下

12）取下扶手支架，如图 4-43 所示。

13）使用套筒、接杆和棘轮扳手拧松扬声器固定螺栓并取下，如图 4-44 所示。

图 4-43　取下扶手支架

图 4-44　拧松扬声器固定螺栓并取下

14）取下扬声器（图 4-45），断开扬声器线束接插器。

15）一人扶稳前门，另一人旋松前门限位器固定螺栓并取下，如图 4-46 所示。

图 4-45　取下扬声器

图 4-46　旋松前门限位器固定螺栓并取下

16）打开锁止保险，按压接插器上部限位（图 4-47），翻起手柄断开前门线束接插器。

17）使用扳手均匀拧松前门固定螺栓并取下（图 4-48），以同样方法取下另外三颗前门固定螺栓。

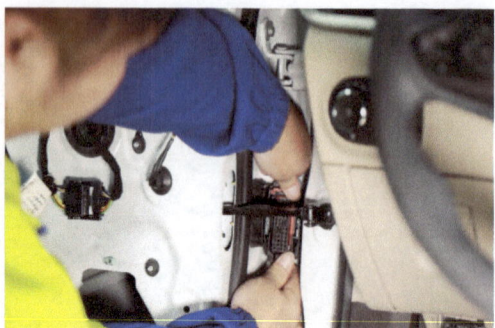

图 4-47　按压接插器上部限位

图 4-48　拧松前门固定螺栓并取下

18）两人配合取下前门（图 4-49），并摆放至规定位置。

19）使用记号笔在螺栓上制作拆卸标记（图 4-50），避免后续出现安装错误。

图 4-49　取下前门

图 4-50　制作拆卸标记

2. 安装左前车门

1）两人相互配合安装前门。

2）对齐安装孔，旋入固定螺栓。

3）根据记号将四颗螺栓按组装顺序旋入车门，如图 4-51 所示。

4）使用套筒、棘轮扳手安装并紧固前门固定螺栓，如图 4-52 所示。

车门安装

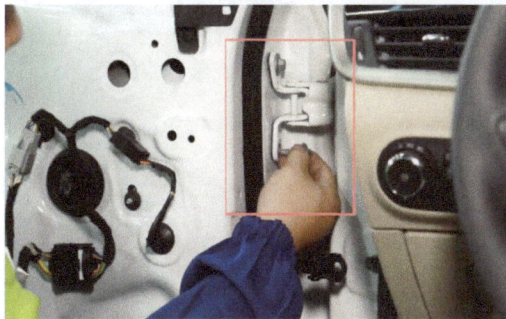

图 4-51　将四颗螺栓按组装顺序旋入车门

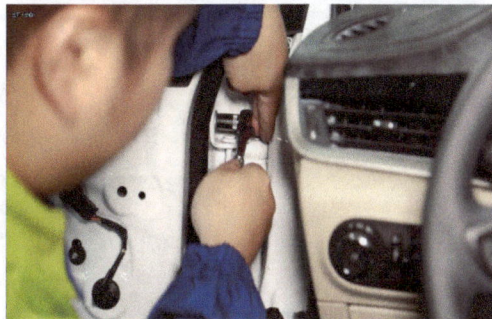

图 4-52　安装并紧固前门固定螺栓

5）对齐接插孔，安装车门线束接插器，如图 4-53 所示。

6）锁止保险装置，确保线束连接可靠。

7）调整车门开启角度，直至限位器孔洞与安装孔洞重合。

8）旋入固定螺栓并紧固，如图 4-54 所示。

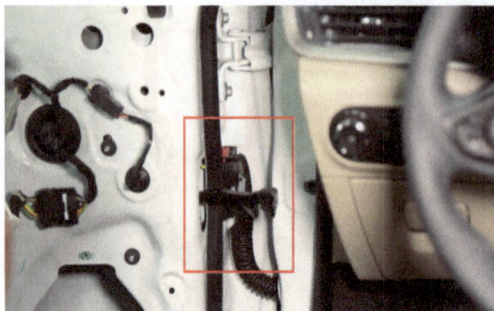

图 4-53　安装车门线束接插器

图 4-54　旋入固定螺栓并紧固

9）连接扬声器线束接插器（图 4-55），将扬声器安装到对应孔洞中。

10）旋入固定螺栓后使用套筒、接杆和棘轮扳手紧固螺栓。

11）安装扶手支架固定螺栓（图 4-56），旋入后使用套筒、接杆和棘轮扳手紧固螺栓。

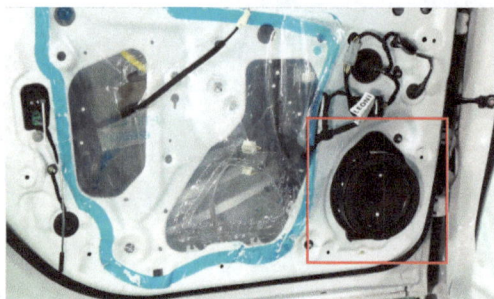

图 4-55　连接扬声器线束接插器

图 4-56　安装扶手支架固定螺栓

12）连接行李舱开关线束接插器，如图 4-57 所示。

图 4-57　连接行李舱开关线束接插器

13）复原扶手照明灯线束接插器和中控门锁线束接插器。

14）将门锁拉线安装到限位孔中，固定拉线卡扣，保证拉线固定可靠。

15）安装门锁机械开关，如图 4-58 所示。

16）将车门饰板安装到位，从孔洞中拉出主控开关线束，如图 4-59 所示。

图 4-58 安装门锁机械开关

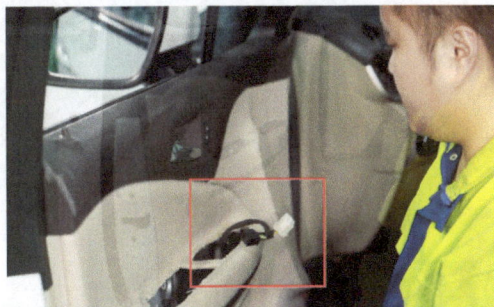

图 4-59 拉出主控开关线束

17）依次按入门饰卡扣，确保卡扣安装到位。

18）点火开关旋至 ON 档。

19）依次检查车窗开关运作是否正常，如图 4-60 所示。

20）检查后视镜位置调整开关运作是否正常。

21）使用一字螺钉旋具调整锁舌位置，拉起门锁手柄，检查车门锁舌解锁是否正常。

22）确认门锁运作正常。

23）按压行李舱开关，确认行李舱开启正常，如图 4-61 所示。

图 4-60 检查车窗开关运作是否正常

图 4-61 确认行李舱开启正常

24）确认车门上的各功能开关运转正常。

25）旋入门饰固定螺栓，安装车门内饰板上部固定螺栓并紧固，如图 4-62 所示。

26）安装门锁把手装饰盖（图 4-63），确认各卡扣安装到位。

27）安装扶手拉圈固定螺栓并紧固，如图 4-64 所示。

28）安装车门扶手拉圈饰垫，如图 4-65 所示。

29）检查车门四周板件缝隙是否正常，各接口是否有不平整。

30）取下保护胶条。

31）确认车门安装到位，作业完成。

图 4-62　安装车门内饰板上部固定
螺栓并紧固

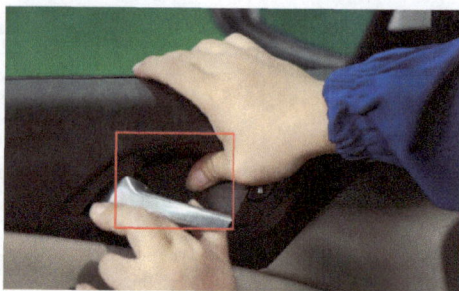

图 4-63　安装门锁把手装饰盖

图 4-64　安装扶手拉圈固定螺栓并紧固

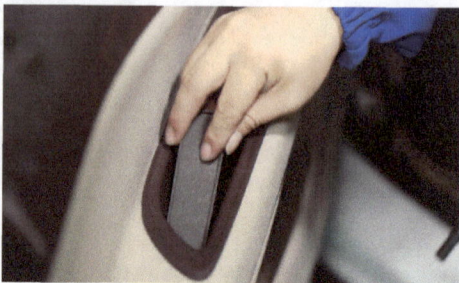

图 4-65　安装车门扶手拉圈饰垫

任务练习

1. 判断题

1）推拉门又称为水平移动式门，它在车身侧壁与障碍物距离较小的情况下仍能全部开启，家用轿车门采用较多。　　　　　　　　　　　　　　　　　　　（　　　）

2）车门是一个综合的转动部件，和车厢共同构成乘员的空间范围，应具有足够大的强度、刚度和良好的振动特性。　　　　　　　　　　　　　　　　　　（　　　）

3）旋转门广泛用于轿车、轻型商用车等车的后门，也应用于低矮的汽车。　（　　　）

4）折叠门主要用于大、中型客车的乘客门。　　　　　　　　　　　　（　　　）

5）车门的门外板、门内板和加强板都由薄钢板冲压成形，并通过螺栓连成一个整体的受力结构。　　　　　　　　　　　　　　　　　　　　　　　　　　（　　　）

2. 单选题

1）以下不是车门类型的是（　　　）。

　　A. 逆气门式　　　　　B. 对开式　　　　　　C. 顺气门式　　　　　D. 上掀式

2）车辆的车门是依靠（　　　）实现车门开闭旋转运动的。

　　A. 门框　　　　　　　B. 门内板　　　　　　C. 门外板　　　　　　D. 铰链

3）现在车辆一般都应用（　　　）。

　　A. 乘客门　　　　　　B. 包框车门　　　　　C. 硬顶车门　　　　　D. 安全门

4）上掀式门广泛应用于（　　　）。

  A. 轿车　　　　　　　B. 旅游客车　　　　　C. 货车　　　　　　　D. 大型货车

5）下列哪种不是车门结构组成（　　　）。

  A. 门外板　　　　　　B. 门铰链　　　　　　C. 防撞梁　　　　　　D. 外板覆盖件

3. 简答题

1）车门的常见结构形式是哪两种？

2）简述车门结构组成。

3）简述车门结构类型。

4）简述车门拆卸的主要步骤。

5）简述车门安装的主要步骤。

任务四

拆装行李舱盖

任务目标

1. 列举行李舱的作用。

2. 描述行李舱盖的结构及作用。

3. 在规定时间内按照安全操作规范拆卸与安装行李舱盖。

任务实施

一、行李舱作用

行李舱是载装物品的空间场所，要求防尘、防潮、隔热。行李舱关闭后，需要起到防止雨水、灰尘等异物进入行李舱内部的作用。此外，车辆在行驶过程中，行李舱要保证内部的物品不会因各种不良路况而掉落，以保护载装物品。因此，行李舱盖与行李舱配合要紧密贴合，有足够的密封性。

行李舱位于轿车车身后部，是由车身地板钣金件与行李舱组件构成。两厢式轿车的行李舱则与乘客舱合二为一（图 4-66）。三厢式轿车的乘客舱与行李舱是分开的（图 4-67）。

图 4-66　两厢式轿车行李舱

图 4-67　三厢式轿车行李舱

二、行李舱盖结构

行李舱盖相对于汽车车身结构是独立的，主要作用是供乘客取放行李、工具及其他备用物品。行李舱盖的基本形状及在车身上的位置如图 4-68 所示。

图 4-68　行李舱盖的基本形状及在车身上的位置

行李舱盖主要由行李舱盖焊接总成、行李舱附件（开启机构、锁、密封条等）组成，如图 4-69 所示。

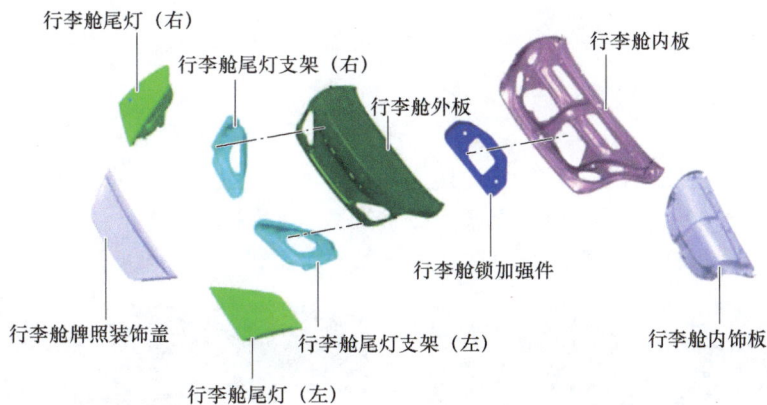

图 4-69　行李舱盖组成

三、行李舱盖的基本要求

行李舱盖的基本要求包括：

（1）方便性　开关灵活、轻便、自如，在最大开度时能可靠限位，同时开度应足够，确保取放物品方便性。

（2）视野性　行李舱盖外板上表面的高度（或扰流板高度）不得影响内后视镜的下视线。

（3）可靠性、安全性　足够大的强度、刚度。不允许因变形而影响行李舱开关的可靠性，行李舱盖开关时不允许有振动噪声，并且部件性能可靠、不干涉，碰撞中行李舱不允许自行打开，以确保物品安全。

（4）密封性　雨、雪、尘不能进入行李舱内，应具备良好的密封性。

（5）工艺性、维修性　易于生产制造、拆装方便。

四、拆装行李舱盖

1. 拆卸行李舱盖

1）打开车门，开启行李舱盖，如图 4-70 所示。

图 4-70　开启行李舱盖

拆卸行李舱盖

注意事项：

用手扶住行李舱盖，将行李舱盖轻轻往上翻起，防止猛地弹起损坏行李舱盖铰链机构。同时也防止行李舱盖打到人，造成人身伤害。

2）使用头部缠有胶带的一字螺钉旋具拆卸行李舱盖铰链饰板卡扣，如图 4-71 所示。

3）取下饰板卡扣，取下右侧行李舱盖铰链饰板，如图 4-72 所示。

4）用同样方法拆卸另一侧行李舱盖铰链饰板。

图 4-71　拆卸行李舱盖铰链饰板卡扣

图 4-72　取下右侧行李舱盖铰链饰板

5）拆卸行李舱盖锁舌饰板件，如图 4-73 所示。

6）拆卸行李舱盖内侧饰板卡扣（图 4-74），用同样方法拆卸另外 7 个饰板卡扣。

图 4-73　拆卸行李舱盖锁舌饰板件

图 4-74　拆卸行李舱盖内侧饰板卡扣

7）取下行李舱盖内侧饰板，如图 4-75 所示。

8）按压锁舌，断开右侧后车灯线束接插器，如图 4-76 所示。

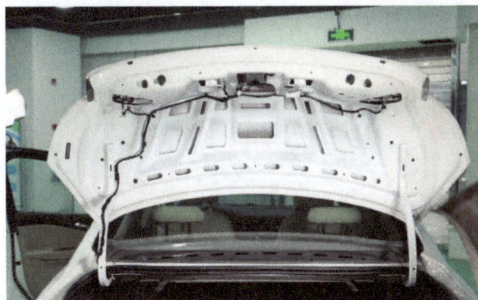

图 4-75　取下行李舱盖内侧饰板

图 4-76　断开右侧后车灯线束接插器

9）拆卸右侧线束卡扣，断开后行李舱盖锁线束接插器，如图 4-77 所示。

10）拆卸左侧线束卡扣和线束接插器，如图 4-78 所示。

图 4-77　断开后行李舱盖锁线束接插器

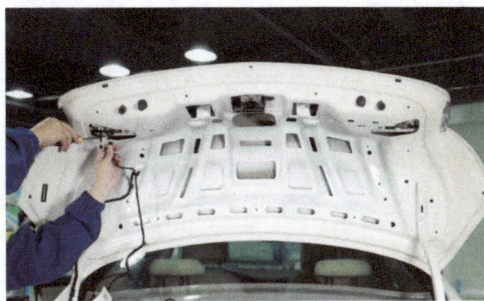

图 4-78　拆卸左侧线束卡扣和线束接插器

11）两人合作扶稳行李舱盖，使用套筒、棘轮扳手拧松并旋出行李舱盖上的四颗固定螺栓，如图 4-79 所示。

12）旋出固定螺栓并取下。

13）取下行李舱盖（图 4-80），拆卸完成。

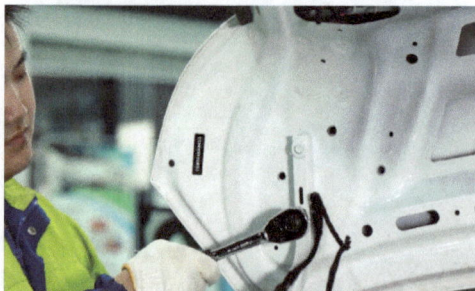

图 4-79 拧松并旋出行李舱盖上的四颗固定螺栓

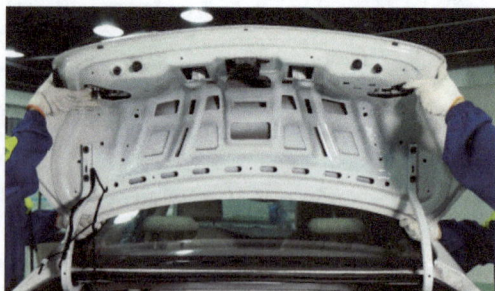

图 4-80 取下行李舱盖

2. 安装行李舱盖

1）将行李舱盖放至安装位置（图 4-81），并对齐安装痕迹。

2）对齐安装孔旋入行李舱盖固定螺栓，如图 4-82 所示。

图 4-81 将行李舱盖放至安装位置

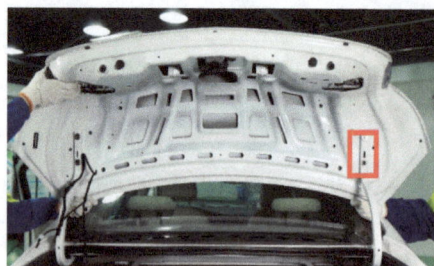

图 4-82 旋入行李舱盖固定螺栓

注意事项

安装旧行李舱盖时，应将螺栓安装到原始位置，方便后续零部件缝隙调整。

3）使用 10mm 套筒、棘轮扳手紧固行李舱盖固定螺栓，如图 4-83 所示。

4）连接车灯线束接插器和行李舱盖锁线束接插器，并将线束固定在原始位置，如图 4-84 所示。

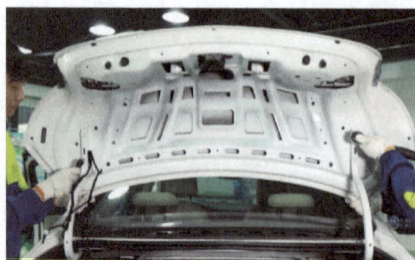

图 4-83 紧固行李舱盖固定螺栓

图 4-84 将线束固定在原始位置

安装行李舱盖

5）使用一字螺钉旋具将锁舌调整至锁止位置，按压行李舱开启开关（图4-85），确认锁舌回弹到解锁位置。

6）确认锁舌动作无异常。

7）暂时关闭行李舱盖，检查各钣金缝隙是否正常，是否需要调节行李舱盖安装位置。

8）确认行李舱盖安装到位。

9）对齐安装孔，将行李舱盖内侧饰板安装到板件上，如图4-86所示。

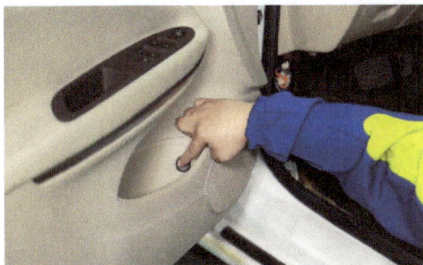

图4-85　按压行李舱开启开关

图4-86　将行李舱盖内侧饰板安装到板件上

注意事项

线束接插器连接完成后，及时检查锁舌工作是否正常，防止后续装配过程中，意外锁死行李舱盖。

10）依次安装7个饰板卡扣，如图4-87所示。

11）安装左侧行李舱盖铰链饰板（图4-88），使用卡扣进行固定。

图4-87　依次安装7个饰板卡扣

图4-88　安装左侧行李舱盖铰链饰板

12）用同样方法安装另一侧行李舱盖铰链饰板。

13）安装行李舱盖锁舌饰板件，如图4-89所示。

14）作业完成，关闭行李舱盖。

图 4-89 安装行李舱盖锁舌饰板件

任务练习

1. 判断题

1）采用涂胶沉台时，应使沉台底面距离外板 5mm 以内，使涂胶后内外板能紧密贴合。

（　　）

2）三厢式轿车的乘客舱与行李舱合二为一。　（　　）

3）两厢式轿车的乘客舱与行李舱合二为一。　（　　）

4）行李舱盖的密封功能要求要求足够的强度、刚度。　（　　）

5）行李舱的作用是将行李舱密封，以防尘沙和水的侵入。　（　　）

2. 单选题

1）对行李舱的要求是（　　）。

　　A. 防尘　　　　　　　B. 防潮　　　　C. 隔热　　　　D. 以上都是

2）行李舱盖主要组成是（　　）。

　　A. 焊接总成　　　　　B. 开启机构　　C. 密封条　　　D. 以上都是

3）行李舱漏水的原因有（　　）。

　　A. 行李舱密封条与行李舱盖间隙过大　　　　B. 行李舱钣金件密封不好

　　C. 附件密封不良　　　　　　　　　　　　　D. 以上都是

4）行李舱位于轿车车身（　　），是由行李舱组件与车身地板钣金件构成。

　　A. 后部　　　　　　　B. 前部　　　　C. 左部　　　　D. 右部

5）行李舱盖的作用是将行李舱（　　），以防尘沙和水的侵入。

　　A. 开启　　　　　　　B. 密封　　　　C. 包裹　　　　D. 遮盖

3. 简答题

1）简述行李舱的作用。

2）简述行李舱盖的结构。

3）简述行李舱盖的作用。

4）简述行李舱盖的基本功能。

5）简述行李舱拆装的主要步骤。

任务五
拆装前后保险杠

任务目标

1. 列举保险杠的作用和固定方式。

2. 描述保险杠的结构。

3. 在规定时间内按照安全操作规范拆卸与安装前后保险杠。

任务实施

早期的汽车保险杠较多采用金属，现如今却换成了塑料，这是为什么呢？随着汽车工业的发展和工程塑料在汽车工业的大量应用，汽车保险杠作为一种重要的安全装置也走向了革新的道路。今天的轿车前后保险杠除了保持原有的保护功能外，还要追求与车体造型的和谐与统一，追求本身的轻量化。工程塑料具有优良的耐热耐候性、尺寸稳定性、耐冲击性及优良的加工流动性，因此被广泛应用于汽车车身。

一、保险杠作用

保险杠具有安全保护、装饰车辆以及改善车辆的空气动力学特性等作用。

从安全保护方面看，汽车发生低速碰撞事故时保险杠能起到缓冲作用，保护前后车体；在与行人发生事故时保险杠可以起到保护行人的作用。

从装饰车辆方面看，保险杠是装饰轿车外形的重要部件。

从改善车辆的空气动力学特性方面来看，它可以减少乱流，加快车底空气的流动效率从而获得更佳的下压力。

二、保险杠结构

汽车前保险杠由外板（外壳）、缓冲材料（吸能装置）和横梁（防撞梁或加强件）三部分组成。其中外板和缓冲材料由塑料和泡沫制成，横梁（俗称防撞梁）用厚度为 1.5mm 左右的冷轧薄板冲压成 U 形槽（少数高档汽车采用铝合金制成），外板和缓冲材料用卡扣等安装在车身附件上，横梁与车身纵梁采用螺栓联接，方便维修，可以随时拆卸。前保险杠结构如图 4-90 所示。

前保险杠组成

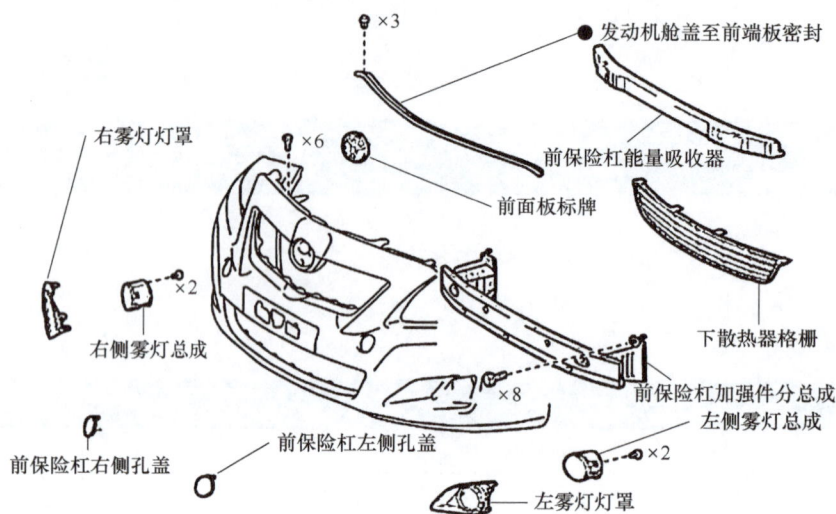

图 4-90　前保险杠结构

三、保险杠固定方式

前保险杠的固定方式常见的有四种形式：丰田和本田系列，一般使用由下至上的固定方式；货车、吉普车等底盘相对较高的车辆，一般使用侧面固定方式；桑塔纳轿车等，一般采用发动机舱内侧固定方式；奔驰系列等，一般使用正面固定方式。

后保险杠一般采用自下而上的安装方式，大多是安装在行李舱下面的纵梁上，由左右安装支架上的两个螺钉固定，但也有少数是从侧面固定的。

四、拆装前后保险杠

1. 拆卸前保险杠总成

1）打开驾驶室车门，拉起发动机舱盖拉锁手柄，如图 4-91 所示。

2）打开发动机舱盖，如图 4-92 所示。

图 4-91　拉起发动机舱盖拉锁手柄

图 4-92　打开发动机舱盖

3）向右转动转向盘，使用 T10 花型螺钉旋具拧松左侧三颗前轮罩衬板固定螺栓，旋出前轮罩衬板固定螺栓并取下，如图 4-93 所示。

图 4-93　旋出前轮罩衬板固定螺栓并取下

4）使用同样的方法拧松右侧前轮罩衬板固定螺栓。

5）举升车辆至合适高度。

6）使用套筒、接杆和棘轮扳手，依次拧松发动机下护板固定螺栓并取下，如图 4-94 所示。

7）使用头部缠有胶带的一字螺钉旋具拆卸前保险杠下端三颗卡扣，如图 4-95 所示。

图 4-94　拧松发动机下护板固定螺栓并取下

图 4-95　拆卸前保险杠下端三颗卡扣

8）降下车辆至适当位置。

9）使用 T10 花型螺钉旋具拧松前保险杠上部固定螺栓并取下，如图 4-96 所示。

10）使用头部缠有胶带的一字螺钉旋具拆卸前部导流板固定卡扣，如图 4-97 所示。

图 4-96　拧松前保险杠上部螺栓并取下

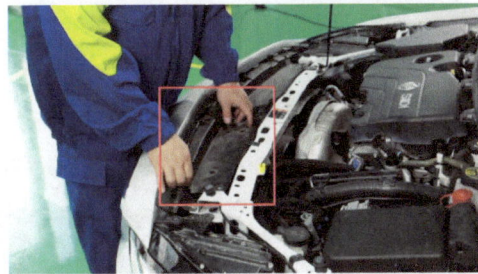

图 4-97　拆卸前部导流板固定卡扣

11）取下左侧导流板，以同样方法拆卸右侧导流板。

12）从保险杠边缘处向外提拉保险杠。

13）松开两侧保险杠卡扣，取下前保险杠，如图 4-98 所示。

14）打开锁止保险，断开室外温度传感器线束接插器，如图 4-99 所示。

15）取走前保险杠，前保险杠拆卸完成。

图 4-98　取下前保险杠

图 4-99　断开室外温度传感器线束接插器

2. 拆卸后保险杠总成

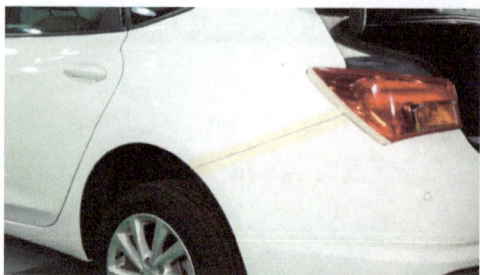

1）打开驾驶室车门，开启行李舱盖。

2）选用 T10 螺钉旋具拧松后保险杠上后轮罩衬板的四颗固定螺栓，旋出固定螺栓并取下。

3）使用同样方法拆卸另一侧后轮罩衬板的固定螺栓。

4）使用头部缠有胶带的一字螺钉旋具拆卸后保险杠下端两颗卡扣。

5）将胶带纸粘贴在后翼子板接口处（图 4-100），防止后续拆装过程中刮伤漆面。

6）以同样方法保护后尾灯和后保险杠接口面。

7）从后保险杠边缘处向外提起后保险杠。

8）松开两侧保险杠卡扣，取下后保险杠，如图 4-101 所示。

拆卸后保险杠
总成

图 4-100　将胶带纸粘贴在后翼子板接口处

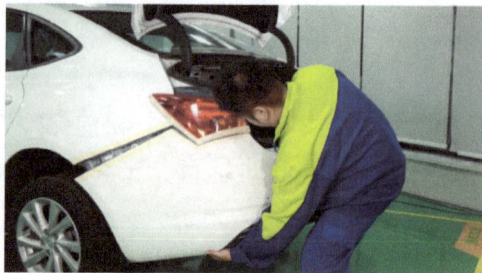

图 4-101　取下后保险杠

9）打开锁止保险，断开倒车雷达线束接插器，如图 4-102 所示。

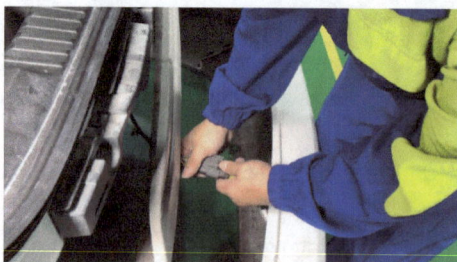

图 4-102　断开倒车雷达线束接插器

10）完成后保险杠拆卸。

3. 安装前保险杠总成

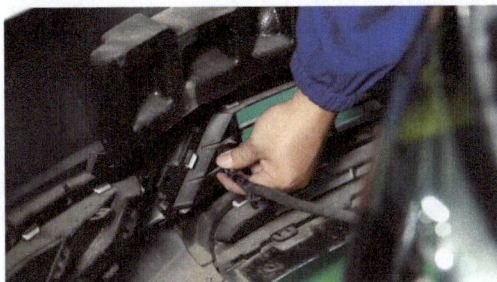

1）将前保险杠放至安装位置。

2）复原室外温度传感器线束接插器，如图 4-103 所示。

3）对齐卡扣，将前保险杠固定到车身上，如图 4-104 所示。

安装前保险杠
总成

图 4-103　复原室外温度传感器线束接插器

图 4-104　将前保险杠固定到车身上

注意事项

安装时应从保险杠中间往两侧依次扣合保险杠限位固定。

4）举升车辆，对齐安装孔，安装三颗前保险杠下端卡扣，如图 4-105 所示。

5）安装发动机下护板固定螺栓，如图 4-106 所示。

图 4-105　安装三颗前保险杠下端卡扣

图 4-106　安装发动机下护板固定螺栓

6）安装左侧前轮罩衬板固定螺栓，如图 4-107 所示。

7）用同样的方法安装右侧前轮罩衬板固定螺栓。

8）降下车辆。

9）安装两侧导流板，如图 4-108 所示。

10）对齐安装孔，安装两侧固定卡扣，如图 4-109 所示。

11）旋入前保险杠上部固定螺栓并紧固，如图 4-110 所示。

12）使用套筒、接杆和棘轮扳手紧固螺栓。

13）关闭发动机舱盖。

14）检查保险杠否安装到位，确认安装位置正确，无须调整。

15）前保险杠安装完成。

图 4-107　安装左侧前轮罩衬板固定螺栓

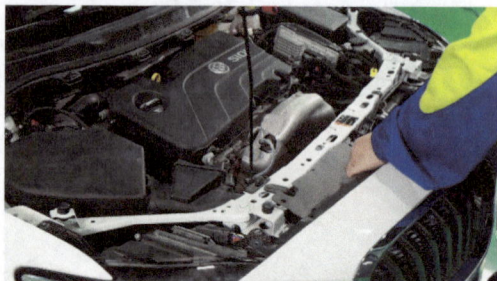

图 4-108　安装两侧导流板

图 4-109　安装两侧固定卡扣

图 4-110　旋入前保险杠上部固定螺栓并紧固

4. 安装后保险杠总成

1）将后保险杠拿到车辆后方，连接倒车雷达线束接插器，如图 4-111 所示。

2）将后保险杠安装到车身上（图 4-112），扣好两侧保险杠卡扣并检查是否安装到位。

图 4-111　连接倒车雷达线束接插器

图 4-112　将后保险杠安装到车身上

3）安装保险杠下部卡扣，如图 4-113 所示。

4）点火开关旋至 ON 档，踩下制动踏板，车辆档位切换至 R 位。

5）检查四个倒车雷达工作是否正常，如图 4-114 所示。

6）确认倒车雷达性能良好，车辆档位切换至 P 位，关闭点火开关。

7）选用 T10 花型螺钉旋具旋入左侧后轮罩衬板固定螺栓，旋紧固定螺栓。

8）使用同样方法安装右侧后轮罩衬板固定螺栓并旋紧。

9）清除两侧保护胶带，作业完成。

安装后保险杠
总成

图 4-113　安装保险杠下部卡扣

图 4-114　检查四个倒车雷达工作是否正常

任务练习

1. 判断题

1）汽车保险杠主要起到保护车身的功能。（　　）

2）汽车前保险杠外板和缓冲材料用塑料和泡沫制成。（　　）

3）在拆卸卡扣时一字螺钉旋具不需要缠上胶带。（　　）

4）保险杠并不能起到导流的作用。（　　）

5）前后保险杠只要拆下卡扣和旋出螺钉就可以直接取下。（　　）

2. 选择题

1）汽车前保险杠横梁用厚度为多少的冷轧薄板冲压成 U 形槽？（　　）

    A. 1.5mm　　　　B. 2.0mm　　　　　　　C. 2.5mm　　　　　　　D. 3.0mm

2）用一字螺钉旋具拆卸前保险杠下端几个卡扣？（　　）

    A. 4　　　　　　B. 3　　　　　　　　　C. 2　　　　　　　　　D. 1

3）选用（　　）螺钉旋具拧松、旋出并取下后保险杠上两侧后轮罩衬板的 4 颗固定螺栓。

    A. T15　　　　　B. T10　　　　　　　　C. T20　　　　　　　　D. T5

4）前保险杠有（　　）种常见的固定形式。

    A. 4　　　　　　B. 3　　　　　　　　　C. 2　　　　　　　　　D. 1

5）下列（　　）不是前保险杠的组成部分。

    A. 外壳　　　　　B. 吸能装置　　　　　　C. 横梁　　　　　　　　D. 铰链

3. 简答题

1）简述保险杠的作用。

2）简述保险杠的结构。

3）简述拆卸前保险杠总成的主要步骤。

4）简述保险杠的固定方式。

5）简述汽车保险杠为什么用塑料制成？

项目五　车身小凹陷修复

汽车覆盖件总成是汽车重要又相对独立的部件，其设计的首要目标除满足一定的功能外，还要满足一定的刚度和强度等结构性能要求。覆盖件刚度不足，易造成关闭力增加、漏风漏雨、油漆出现裂纹、脱落、美观性降低；刚度不足的覆盖件会在汽车行驶时产生振动和噪声，降低乘坐舒适性；汽车发生碰撞时，刚度不足的覆盖件产生的变形较大，会降低乘员的生存率。

维修人员在进行维修时，需要选用合理的修复工艺，掌握钣金专用工具的正确使用方法。本项目主要介绍车身整形机的使用、车身钢板件修复、车身塑料件修复。

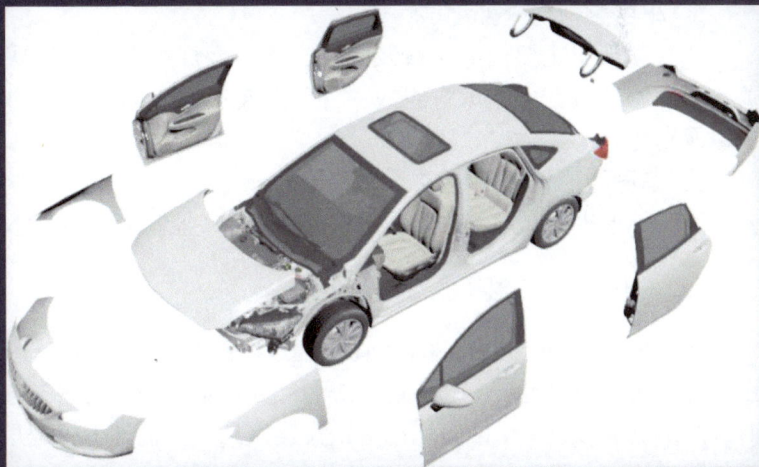

任务一

车身整形机的使用

任务目标

1. 描述车身整形机作用、结构与原理。

2. 描述车身整形机整形操作——钢板收缩种类及原理。

3. 完成车身整形机作业的使用训练。

4. 在规定时间内按照安全操作规范完成板件拉拔整形作业。

任务实施

一、车身整形机结构

车身整形机也称为介子机或车身修复机，通过外接不同的焊接工具，可以用于单面点焊、焊接专用螺钉、环形介子、蛇形焊线等。

1. 车身整形机外部组成

车身整形机主要由电源线及插头、焊炬及焊炬电缆、搭铁夹及搭铁夹电缆、功能选择开关、时间调节按钮、指示灯组成，外部还装有保护内部结构的防护罩、为便于移动安装的把手以及车轮。

2. 车身整形机内部组成

车身整形机内部主要由变压器、电磁开关、控制电路板、小型断路器和保护电阻等组成。

二、车身整形机的原理

车身整形机的电源为380V/50Hz，通过内部变压器转换为5~8V的低电压、高电流的直流电。主机上有两条输出电缆，一条连接焊炬，为焊炬电缆；另一条连接搭铁夹，为搭铁电缆。工作时，两条电缆形成一个回路。把搭铁夹连接到车身板件上，焊炬可通过圆片介子把电流导通到板件凹陷处，由于电源电流流经变压器后，电流值已达到1000~2300A，这时圆片介子与车身板件接触处会产生很大的电阻热，这一热量足以迫使该点板材及介子熔化，使其原子间互相渗透，从而将介子熔植焊接在车身板材凹陷处，然后利用拉拽工具勾住圆片介子将凹陷处拉出。有的车身整形机还具有电阻焊功能，但由于焊接电流小，焊接质量难以保证。

车身整形机适用于内部无法触及的钢板损伤修整，修复时只需通过一定的焊接方式，将凹陷部位从外部拉出即可，与传统的手工作业相比有无法比拟的优势，车身整形机焊接方式可分为熔植点焊和垫片焊接。

三、整形机整形操作——钢板收缩种类及原理

钢板在冲压、撞击、修复过程中都有可能发生不同程度的延展。延展的钢板会变薄、硬化，内部晶粒也会发生形变或重新排列，外部会隆起，有时会伴随"鼓动"现象。这时就需要对钢板进行收缩作业。收缩作业是指通过一定的方法或手段，将已经延展的钢板拉紧，使其恢复到原状态。

按照作业温度分，钢板收缩作业可以分为常温收缩和热收缩，两种收缩方法各有优缺点。常温收缩常见的方法有打褶法和收缩锤收缩法；热收缩可分为火焰收缩、铜极收缩和碳棒收缩三种，其中铜极收缩和碳棒收缩为电极收缩，火焰收缩由于热量过于集中、不易控制等原因已被逐步淘汰。钢棒热收缩原理如图 5-1 所示。

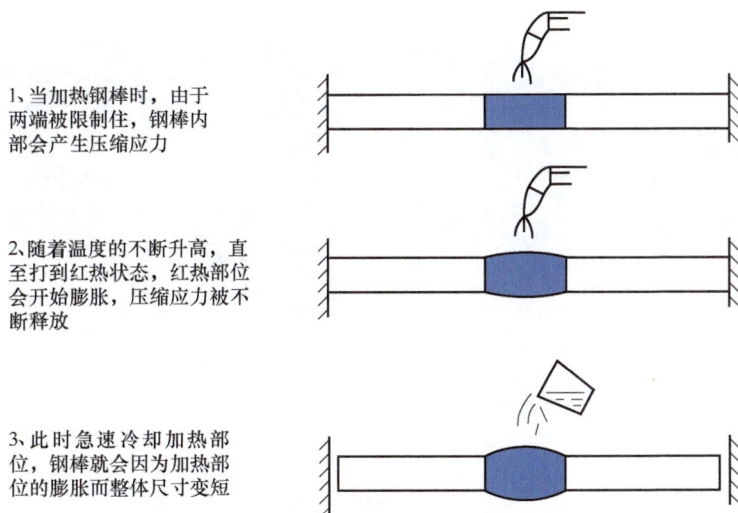

1、当加热钢棒时，由于两端被限制住，钢棒内部会产生压缩应力

2、随着温度的不断升高，直至打到红热状态，红热部位会开始膨胀，压缩应力被不断释放

3、此时急速冷却加热部位，钢棒就会因为加热部位的膨胀而整体尺寸变短

图 5-1 钢棒热收缩原理

加热钢棒时，钢棒两端会被限制住，内部会产生压缩应力，随着温度不断升高达到红热状态，达到红热状态的部位会开始膨胀，压缩应力被不断释放，此时，急速冷却加热部位，钢棒就会因为加热部位的膨胀使整体尺寸变短，这就是热收缩原理。

四、单点拉拔作业

1）准备前工作：戴口罩、护目镜、工作帽、耳罩等。
2）选择 60 号砂纸，与磨头安装，加注润滑油。
3）连接气管并调整转速。
4）将研磨机成 10°~20° 轻压损伤处，如图 5-2 所示。
5）去除外部、中部和搭铁位置油漆，如图 5-3 所示。
6）选择带式研磨机。
7）去除沟槽内油漆。

拉拔修复作业

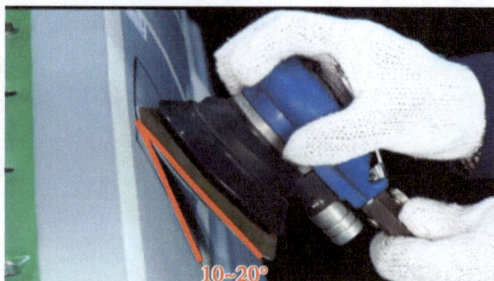

图 5-2　将研磨机成 10°~20° 轻压在损伤处

图 5-3　去除外部、中部和搭铁位置油漆

8）连接吹尘枪，吹尘并擦拭干净。

9）安装搭铁、试焊板，如图 5-4 所示。

10）检查焊片。如果有锈迹或焊渣，则应使用板锉或砂纸进行清理。

11）安装焊片并紧固螺栓，如图 5-5 所示。

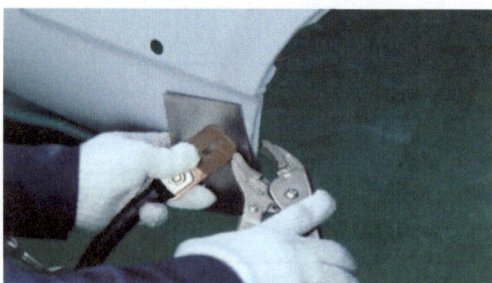

图 5-4　安装搭铁、试焊板

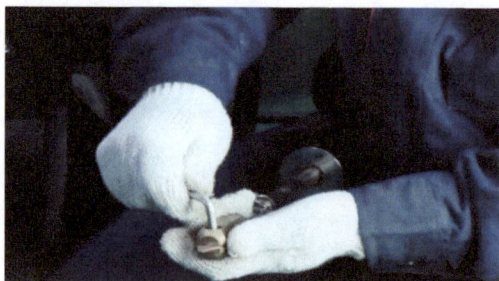

图 5-5　安装焊片并紧固螺栓

12）安装拉锤并紧固螺母，如图 5-6 所示。

13）开启整形机电源开关。

14）切换工作模式至焊接档位，并调整焊接时间和焊接电流。

15）试焊，如图 5-7 所示。若参数过小，则焊点无法承受拉拔力量。

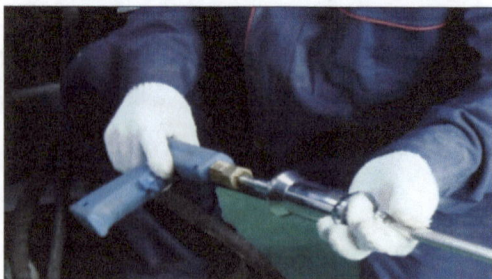

图 5-6　安装拉锤并紧固螺母

图 5-7　试焊

16）适当调整焊接参数（图 5-8），直到符合要求。

17）如果参数调整过大，将加重钢板损坏。

18）将焊炬放至水平状态，如图 5-9 所示。使用手掌拖住，中指或者食指放到开关位置，其他手指自然握住枪把，另一只手握住焊炬的前段，以便对准焊接部位。

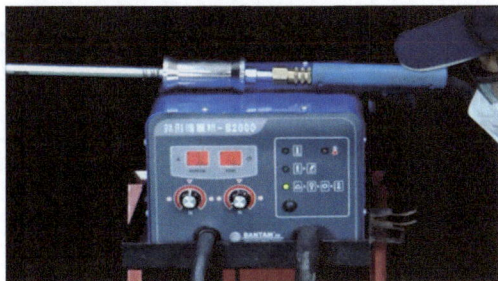

图 5-8　适当调整焊接参数

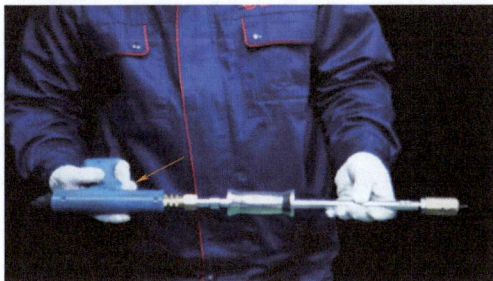

图 5-9　焊炬放至水平状态

19）将焊炬成垂直角度顶住凹陷。

20）轻轻施加压力，以免接触不实，出现火花。

21）启动开关，进行焊接。移动拔锤进行冲击，扭转焊炬，脱开焊点。

注意事项

拉拔原则：轻重或者轻轻重

刚性较弱的部位，可以采用单次拉拔，或者施加缓和的力量进行拉拔。也可以在搭住低点的同时使用锤子敲击周围高点将凹陷敲出，如图5-10所示。

22）更换 80 号砂纸。

23）磨出焊点。

24）选择车身锉，调整其弧度，弧度需比钢板曲率略大。

25）将车身锉成 30°~45° 轻压在损伤处（图 5-11），从损伤处的边缘开始向前推，经过损伤部位达到另一侧。

26）拉回车身锉，再次进行推进，或将车身锉水平放置，沿 30°~45° 向前推进。

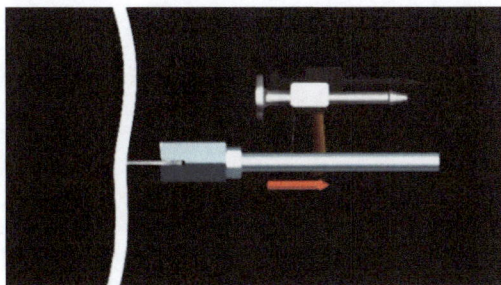

图 5-10　使用锤子敲击周围高点将凹陷敲出

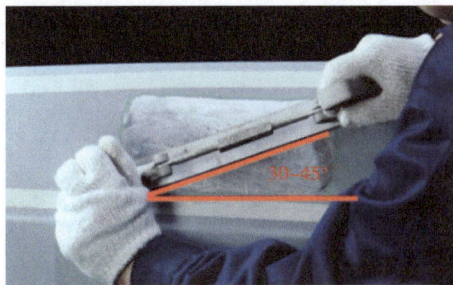

图 5-11　将车身锉成 30°~45° 轻压在损伤处

27）拉拔低点，敲击高点，再次检查与修复直到整个区域都留下锉横。

28）松开搭铁，归位。

29）参数归零，关闭整形机。

30）摘耳罩、工作帽、护目镜、口罩和手套。

五、整体拉拔作业（穿轴法拉拔训练）

1）安装搭铁试焊板及焊接介子并紧固螺母。

2）开启整形机电源开关，并切换至焊接档位，调整焊接时间和焊接电流。

3）检查焊片，试焊。若参数过小，则焊点无法承受拉拔力量，此时需适当调整焊接参数，直到符合要求；若参数调整过大，则会使钢板损坏加重。

4）焊炬垂直并将焊片轻压在损伤处焊接焊片，如图5-12所示。焊片之间的距离为8~10mm。

5）选择钢轴、拉环，穿入焊片孔内。

6）移动拉塔及固定吊链，与损伤部位垂直。

7）调整吊链高度，松开吊链，勾住拉环，收减链条。

8）选择线凿，检查是否正常。

9）选择锤子，检查是否正常。

10）将线凿对准车身线，使用锤子，击打线凿的后端。

11）松开链条，观察损伤恢复情况，取下挂钩、钢轴与拉环，将拉塔归位。

12）拆卸焊片，如图5-13所示。

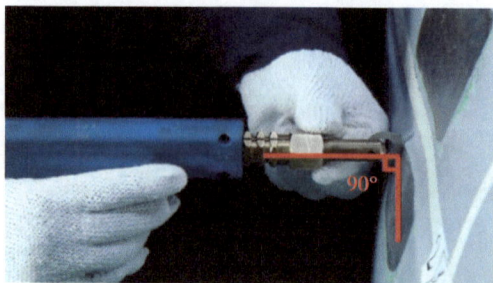

图5-12　焊炬垂直并将焊片轻压在损伤处焊接焊片

图5-13　拆卸焊片

注意事项

若出现孔洞，可采取以下措施：切换模式至收缩档，将焊丝放置孔洞处，使用焊棒进行焊接并磨平焊点，如图5-14所示。

13）取下焊接介子，安装拉锤，试焊。

14）使用拉拔锤将损伤区域拉平。

15）松开搭铁归位。

16）参数归零，关闭整形机。

六、收缩作业

1）钢板延展后，将出现隆起，会伴随鼓动现象。

2）加持搭铁试焊板。

3）选择碳棒，将碳棒从中间断开，以方便操作。

4）打磨碳棒前端至平滑圆弧面，如图5-15所示。

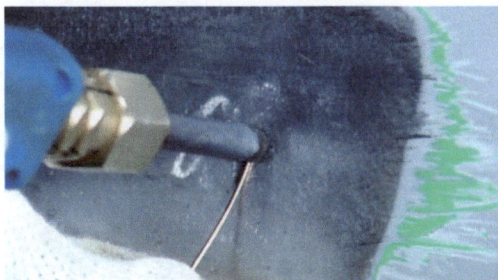

图5-14　使用焊棒进行焊接并磨平焊点

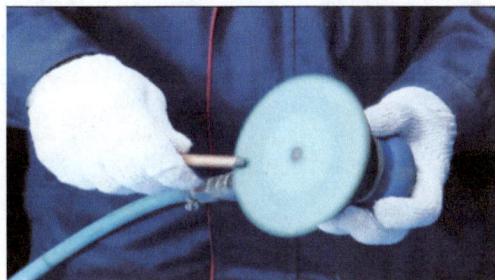

图5-15　打磨碳棒前端至平滑圆弧面

5）安装碳棒，紧固螺母。

6）开启电源开关，切换工作模式，调整工作电流，如图5-16所示。若参数过小，则热量难以集中，应适当调整焊接参数，直到合适；若参数调整过大，则会导致钢板损坏。

7）选择吹尘枪。

8）将碳棒成30°~45°轻压到延展处（图5-17），以便控制运行轨迹。

图5-16　调整工作电流

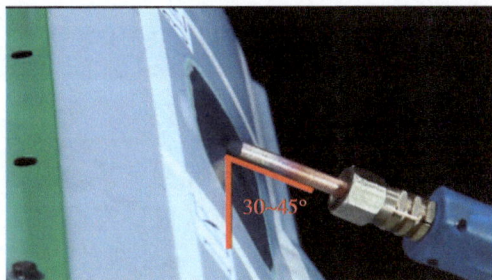

图5-17　将碳棒成30°~45°轻压到延展处

9）启动开关，使碳棒从外侧开始沿螺旋状至中间部位，如图5-18所示。狭长的部位可采用曲线运行的方式收缩。

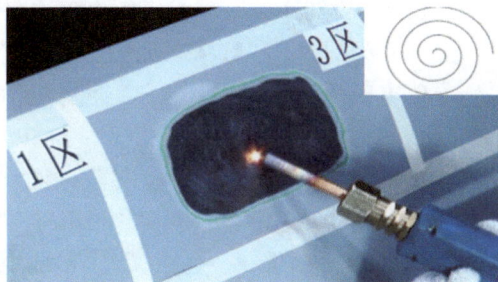

图5-18　使碳棒从外侧开始沿螺旋状至中间部位

10）达到一定温度后停止加热，松开开关，抬起焊炬，冷却加热部位。

11）收缩作业完成后应冷却碳棒以免造成危害，检查收缩效果。

12）通过手工作业或整形机作业修平。

13）用研磨机修复收缩作业形成的损伤（图5-19），以免出现油漆缺陷。

14）拆卸搭铁，参数归零，关闭电源。

15）对于面积小、隆起高、刚性强的区域，可使用铜气头工具进行收缩，收缩方法和碳棒收缩方法相似，首先调整其参数，然后再加以赤焊。

16）收缩时，铜气头垂直顶住延展处并轻轻施加压力（图5-20），启动开关，温度达到后松开开关，并使用吹尘枪冷却。

图 5-19　用研磨机修复收缩作业形成的损伤

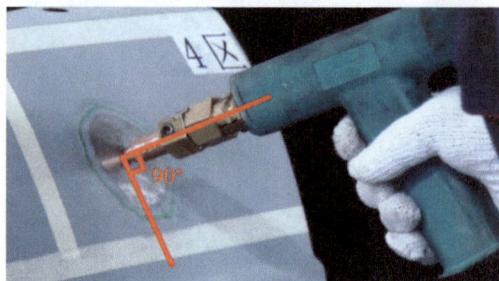

图 5-20　铜气头垂直顶住延展处并轻轻施加压力

任务练习

1. 判断题

1）车身整形机可以用于单面点焊、焊接专用螺钉、环形介子、蛇形焊线等。　　　　　　　（　　　）

2）车身整形机焊接方式可分为熔植点焊和垫片焊接。　　　　　　　（　　　）

3）车身整形机适用于内部无法触及的钢板损伤修整。　　　　　　　（　　　）

4）有的车身整形机还具有电阻焊功能，焊接质量佳。　　　　　　　（　　　）

5）铜极收缩和火焰收缩为电极收缩。　　　　　　　（　　　）

2. 选择题

1）车身整形机的电源为（　　　）。

A. 380V/50Hz　　　　　B. 240V/50Hz　　　　　C. 380V/10Hz　　　　　D. 240V/10Hz

2）整形机内部主要由（　　　）组成。【多选】

A. 变压器　　　　　B. 电磁开关　　　　　C. 控制电路板　　　　　D. 小型断路器

3）常温收缩常见的方法有（　　　）。【多选】

A. 火焰收缩　　　　　B. 打褶法　　　　　C. 收缩锤收缩　　　　　D. 铜极收缩

4）热收缩可分为（　　　）。【多选】

A. 火焰收缩　　　　　B. 收缩锤收缩　　　　　C. 铜极收缩　　　　　D. 碳棒收缩

5）（　　　）由于热量过于集中、不易控制等原因已被逐步淘汰。【多选】

A. 火焰收缩　　　　　B. 收缩锤收缩　　　　　C. 铜极收缩　　　　　D. 碳棒收缩

3. 简答题

1）车身整形机外部由哪些部件组成?

2）延展的钢板会发生什么变化?

3）什么是收缩作业?

4）热收缩原理是什么?

5）车身整形机的工作原理是什么?

任务二

车身钢板件凹陷修复

🚩 **任务目标**

1. 列举承载式车身的结构特点。

2. 列举钢板变形的类型。

3. 描述钢板变形的物理特性。

4. 描述金属板变形的修复方法。

5. 按照安全规范完成车门的凹陷修整。

⚙️ **任务实施**

车身是汽车上最大的总成，是驾驶人的工作场所，也是容纳乘客和货物的场所。它为驾驶人提供良好的操作性能，也为乘客提供舒适的乘坐条件，为货物提供方便的装卸条件。因此，车身质量关系到汽车的使用性能，决定了汽车的整体价值。科学的修复方法能够保证车身部件的正常尺寸，保证汽车各部件的相对安装位置，恢复汽车外观，确保汽车安全行驶。

一、现代汽车车身结构

从车身结构上来分，现代汽车车身主要分为非承载式车身和承载式车身两种。现在市场上的汽车大部分都是承载式车身。

1. 承载式车身

承载式车身又称为整体车身，是指由车身代替车架承受全部载荷的车身。此结构的突出特征是没有独立车架，它是采用组焊等方式将车身主体与类似于车架功能的车身底板制成整体刚性框架，使整个车身均参与承载。

此结构可以使承载力分开，分别作用于各个车身结构件，保证车身整体刚度和强度。当车身整体或局部承受适度载荷时，壳体不易发生永久变形。

这种车身的框架结构采用高强度合金金属材料制造，采用"短"的加强构件焊接或以螺栓、铆钉连接到车身的前部和后部；悬架系统、发动机、传动机构、制动系统和前后桥总成直接连接到车身上；乘员舱四周与车身顶部、底部焊接成框架结构；车身外部采用的覆盖件由薄金属材料冲压成形，以焊接方式连成整体，承载式车身结构如图 5-21 所示。

图 5-21　承载式车身结构

（1）承载式车身的优点

1）质量轻。车身由薄钢板冲压成形的构件组合焊接而成，质量小、刚性好、抗扭能力强。

2）生产性好。车身采用易成形的薄钢板冲压，适合现代化大量生产；并且采用点焊和多工位自动焊接等现代自动化生产方式，生产效率高，质量好。

3）安全性好。能均匀承受载荷并分散至其他部件，对冲击能量吸收性好，改善了汽车的安全性。

4）结构紧凑。由于没有独立的车架，汽车的整体高度、重心高度、承载面高度都有所降低，增大了可利用空间。

（2）承载式车身的缺点

1）底盘部件与车身的结合部在汽车运动载荷的冲击下，极易发生疲劳损坏。乘客容易受到来自汽车底盘的振动与噪声的影响。

2）此车身结构一旦发生撞击，整体变形情况会比较复杂。车身整体定位参数的变化直接影响汽车的行驶性能。在进行车身维修作业复原整体参数时，不仅修复难度大，还须使用专用设备和特定的检查、检测手段。

2. 车身覆盖件

汽车车身除了包括车身框架结构外，还包括附件总成。这些附件总成与车身框架结构的连接多采用可拆卸连接，只有车身侧围覆盖件、车身顶部覆盖件采用不可拆卸连接。

各附件总成因功能不同有不同的形状、结构，但一般都由外部覆盖件和内部加强构件组成，以不可拆卸的方法连接。车身前部的附件总成包含发动机舱盖、前翼子板、保险杠组合件、散热器支架组合件、前风窗结构、后视镜及风窗玻璃；车身侧面包含侧围覆盖件、车门、后翼子板、油箱和车身边窗;车身后部包含行李舱盖、后保险杠组合件和后风窗玻璃;车身顶部包含车顶覆盖件、活动天窗;车身内部包含车内装饰件、座椅、安全系统构件。

车身附件总成一般不具有很大的防碰撞功能,因此有的附件总成设置会增加防碰撞构件,增加车身的整体防碰撞功能。车身覆盖件如图 5-22 所示。

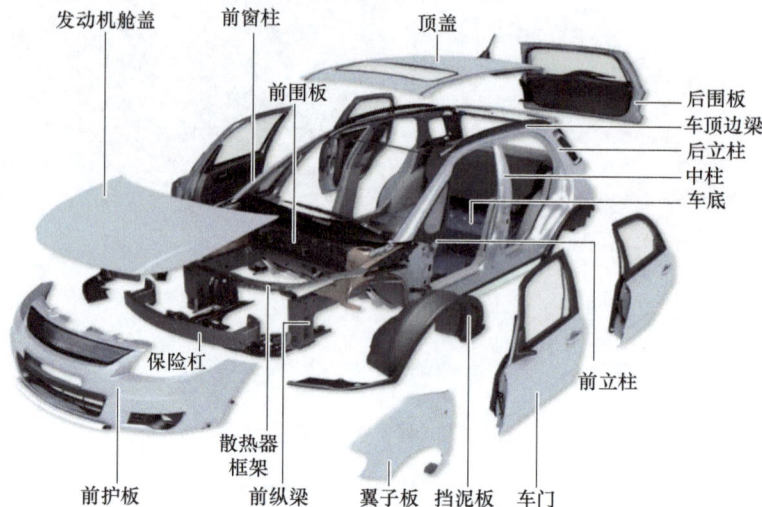

图 5-22　车身覆盖件

二、钢板的内部结构与物理特性

车身所用钢板需要具有良好的塑性,能够加工成各种形状以满足结构和安全需要。钢板被加工成一定形状后,便具有硬化特性,可使钢板上不同部位强度不一。

在碰撞过程中,受碰撞的金属变形后内部的晶体结构就会发生变化,金属变得更硬、更能抵抗各种外力影响。

1. 钢板的内部结构

钢板由原子构成,许多原子结合在一起形成晶粒,以一定的形式构成晶体结构(图 5-23)。

钢板内部晶体的形状决定了它能够被加工成形的程度,一块平钢板弯曲后,它弯曲处的所有晶体形状和位置都会改变。

低碳钢的各个晶体都可承受相当大的变形和位移。例如取一根铁丝,将它反复弯曲,弯曲的位置会变得很热,这是因为弯曲部位的各个晶体相互运动、摩擦产生热量造成的。

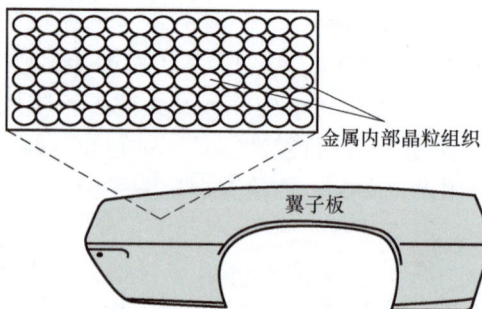

图 5-23　钢的晶体结构

2. 钢板变形的类型

按照金属材料抵抗变形的能力区分,钢板变形的类型可分为弹性变形、塑性变形和加工硬化。

（1）弹性变形　金属材料在外力的作用下发生尺寸和形状的改变，即产生变形，当外力消失后，金属材料可以恢复到原来的尺寸和形状的变形（即原来的变形消失）称为弹性变形（图 5-24）。

（2）塑性变形　当金属材料受到的外力超出弹性极限，产生的变形在外力消失后也不能消除的变形（即金属材料不能恢复原来的形状）称为塑性变形（图 5-25）。

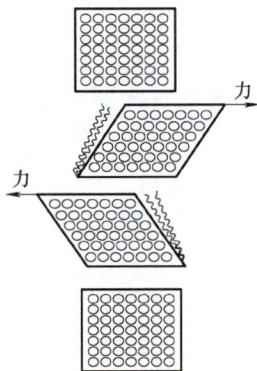

金属受到压力会变形，去除压力后金属恢复原来的形状

图 5-24　弹性变形

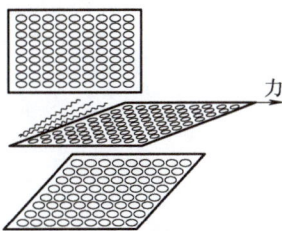

金属受到压力会变形，去除压力后不能完全恢复，出现塑性变形

图 5-25　塑性变形

当汽车受到损坏时，由碰撞产生的变形为塑性变形，只能通过人为方式消除此变形。发生塑性变形的部位周围还会发生弹性变形，因此在修理此种损坏时，应首先修复塑性变形，弹性变形就会随之消失，使车身恢复到原来形状。

（3）加工硬化　当塑性变形达到上限时，会出现金属的强度和硬度提高，塑性、韧性下降的现象，此种现象就称为加工硬化。钢板内加工硬化和车身板件中的加工硬化部位分别如图 5-26 和图 5-27 所示。

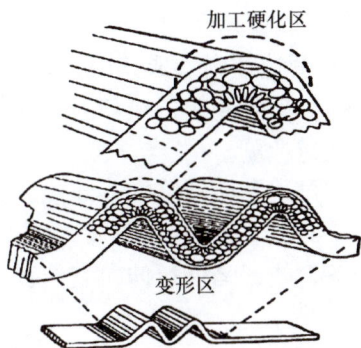

图 5-26　钢板内加工硬化

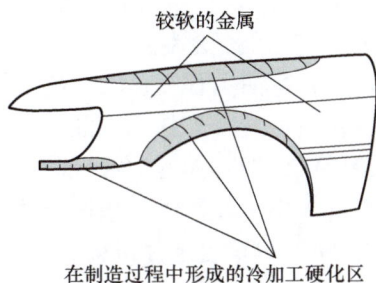

图 5-27　车身板件中的加工硬化部位

在加工成翼子板之前，钢板比较柔软，冲压后被加工的部分会变得很硬，仍保持平坦的部位则比较柔软。图 5-27 所示的翼子板无阴影区为"柔软"部位，有阴影区为"硬化"部位。阴影区的钢板硬度高、不易损坏，而一旦变形损坏，也难以修复。钢板平坦的部位在修理过程中容易变形损坏，因此需要采取正确的校正方法。

为了进一步说明加工硬化对修理过程的影响，现以一块钢板为例进行说明：将此钢板稍微弯曲，钢板可恢复原来的形状，这是弹性变形；如果弯曲超过了弹性极限，金属将出现折损；外力消失后，折损部位周围的金属会恢复至原来的状态，而在折损部位出现加工硬化；如果将折损部位金属弯回原来的形状，折损部位会出现新折损，这就是附加的加工硬化（图5-28）。附加的加工硬化产生的原因是折损部位的硬度太高，内部存在巨大的应力使它无法恢复到原来形状。

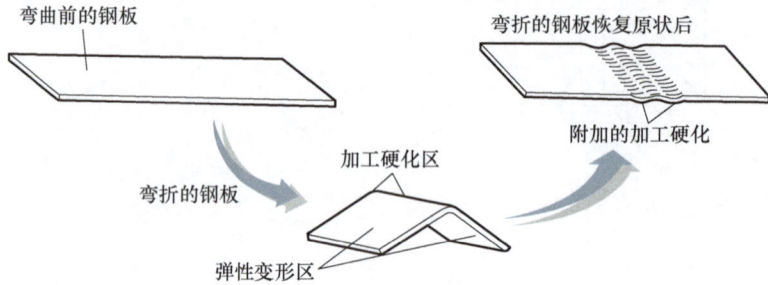

图5-28　附加的加工硬化

若车身修复人员缺乏相关的知识和经验，那么在修理过程中造成的损坏与碰撞对汽车的损坏几乎同样多，了解车身部位的变形情况对于选择正确的修理方法起着至关重要的作用。在校正金属板的过程中，总会引起一些加工硬化，但一定要将它控制在最小范围内，不要造成更大范围的损坏。

三、金属板凹陷变形的修复方法

修理受损车身的基本原则是：最后的损伤要最先修复，最先的损伤要最后修复；损坏部位离直接损坏点最远的位置要最先修理，然后修复离直接损坏点最远的位置，依次类推把损伤全部修理好，对最后的直接损伤可能需要塑料填充剂修理。

1. 用铁锤和垫铁修整金属板凹陷变形的方法

图5-29中的损伤，可使用铁锤和垫铁沿着与卷曲损坏相反的顺序将其校正。碰撞点是最先被撞击的地方，随着金属不断被推进，碰撞点的两边逐渐形成凹陷，即凹陷卷曲折损。离碰撞点越远的地方凹陷变形越浅，即单纯卷曲折损。单纯卷曲折损和凹陷卷曲折损的部位都产生了加工硬化，弯曲的程度越大，加工硬化程度越严重。

修理凹陷部位时，应首先从凹陷区域边缘开始，再逐渐向凹陷中心处接近。将垫铁紧压在凹陷部位的最外端，即弯曲程度最轻的地方（图5-29b）。用铁锤的平面端在凹陷处的外端进行轻度到中度的敲击。在铁锤和垫铁的共同作用下，使凹陷处拉伸向上抬起。然后在另一端凹陷处（图5-29c）也重复上述过程。

随着凹陷变形部位形状的恢复、压力的释放，周围的弹性金属会返回到原来位置。如果使用垫铁进行多次敲击，也可以将凹陷处压力释放（图5-29d），使凹陷变形恢复形状。

当凹陷部位的形状基本恢复后，用铁锤在垫铁上轻敲整平（图5-29e），再进行精修或涂敷填充剂。

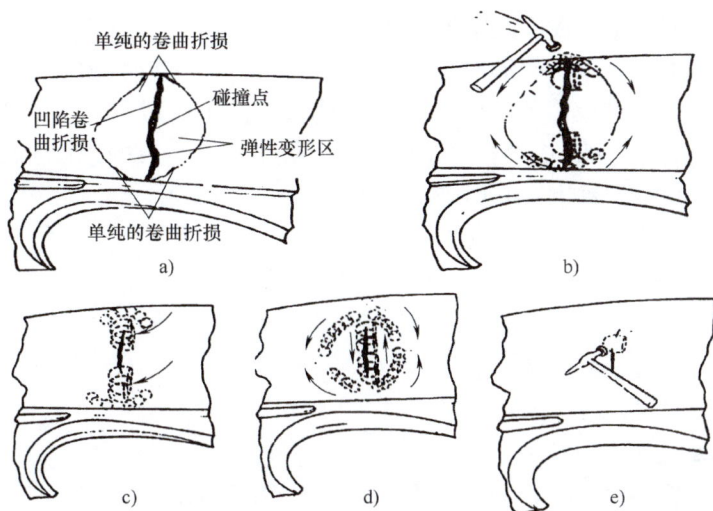

图 5-29　用铁锤和垫铁修整凹陷的步骤

2. 用修平刀修整金属板凹陷变形的方法

当损伤部位位于铁锤和垫铁难以达到的位置时，可以使用修平刀对拉伸处施加压力进行整形，方法是将修平刀垫在金属板上，再用铁锤或修平刀敲打（图 5-30），增强敲击效果。

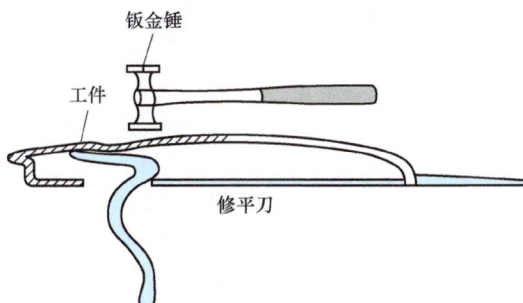

图 5-30　修平刀作为垫铁使用

在大致修整阶段或校正很深的凹陷时，也可使用修平刀。图 5-31 所示为用修平刀修整车门面板的凹陷，方法是用木块将车门面板支撑住，使用修平刀或垫铁对凹陷处进行大致修整，再用钣金锤进行精修整。需要注意的是操作时不可用力拉伸车门面板，避免改变车门面板原来的形状。

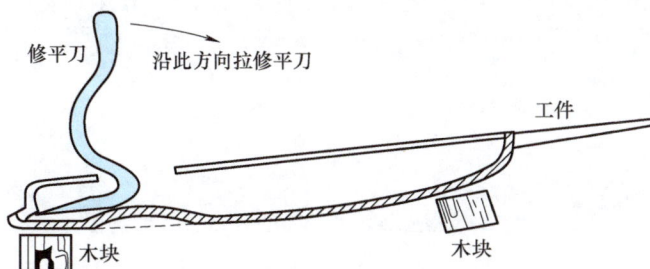

图 5-31　用修平刀修整车门面板的凹陷

3. 用撬镐等工具修整金属板凹陷变形的方法

使用撬镐等工具修复凹陷变形时，首先要轻敲几次（多次轻敲的效果比重撬一两次更佳），再用锉刀或砂轮机进行修整。图 5-32 所示为撬起凹陷的过程。由于金属发生了一定的延伸，因此在低点被排除后，应锉掉多余的金属。锉掉多余金属的过程中需要用力，使金属发热，这样有利于其他部分的收缩而恢复形状。

对于车门上的凹陷变形，可用撬镐插入一个排水孔或门背后的内孔（图 5-33），这样既不需要拆除门内部的装饰物，也不需要在门的外板上钻孔。

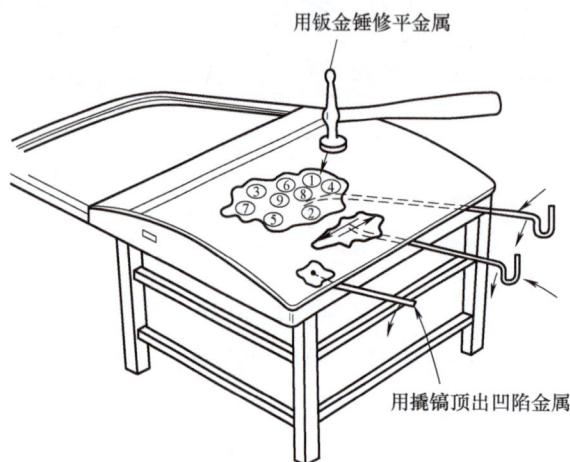

用钣金锤修平金属

用撬镐顶出凹陷金属

A. 用顶针顶出凹陷

正确的高度

B. 金属受到拉伸，高出正常位置

正确的高度

C. 锉平金属，恢复原来的高度

正确的高度

图 5-32　撬起凹陷的过程

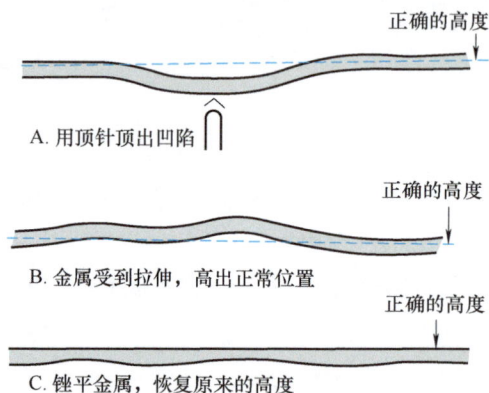

图 5-33　用尖头工具使车门凹陷部位升高

用尖头工具修理时不可施加太大的压力，以免金属受到拉伸。修复方位是从原来的接触点（也就是最低点）开始，缓慢将凹陷修复。对于较大的凹陷，可以改用平面形状的工具敲击，修复方式为轻敲压缩区使之下降，同时使拉伸区上升。

4. 用焊接介子修整金属板凹陷变形的方法

在各种拉出凹陷的方法中，最常用的是在金属板的凹陷处焊接介子——销钉（图 5-34）、垫圈（图 5-35）、三角垫片（图 5-36）等，然后拉伸介子，达到修复的目的。常见的外形修复机都具备此修复功能。

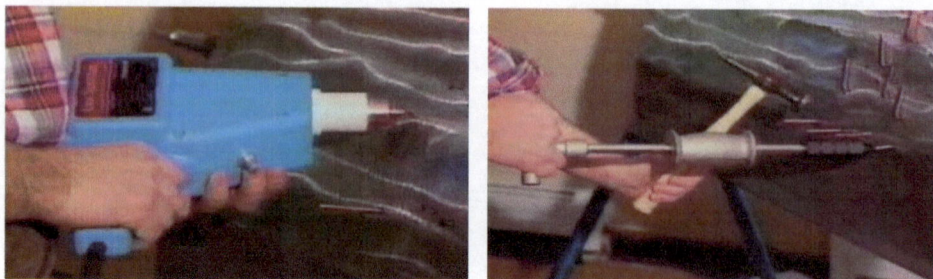

图 5-34　焊接销钉拉伸凹陷

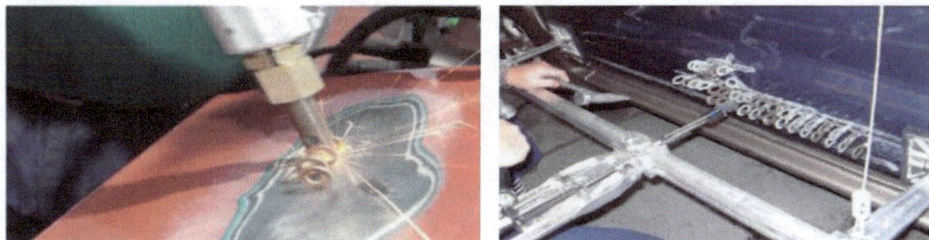

图 5-35　焊接垫圈、拉伸片修复凹陷

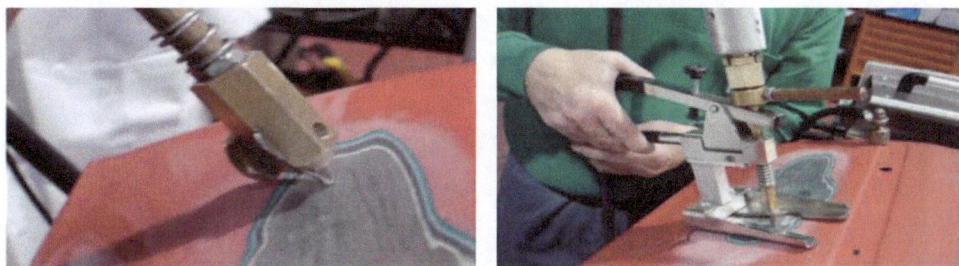

图 5-36　三角垫片和焊枪可快速焊接后立即拉伸

　　用焊接介子修整金属板凹陷变形的方法还适用于很难接触到金属板背面的凹陷变形，或车门上的小范围铰折变形。修复方法是用专门的电焊机将金属垫圈焊接在凹陷处（图 5-37），焊接的时间只需要几百分之一秒。接着使用凹陷拉拔器或动力千斤顶将一个或许多个垫圈向外拔（图 5-38）。校正结束后，反复拧垫圈使凹陷处与金属板分离，然后将其打磨到与金属板同样的高度（图 5-39）。

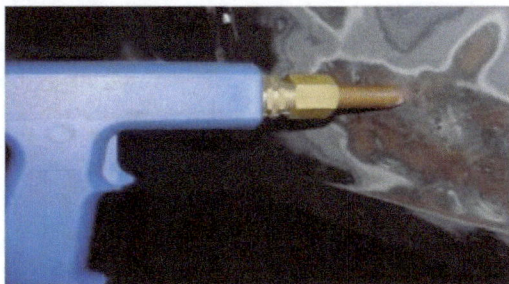

图 5-37　在凹陷处焊接垫圈

图 5-38　拉伸凹陷

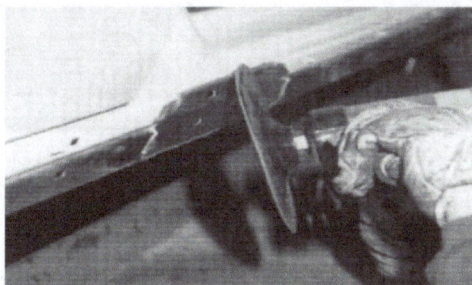

图 5-39　使用砂轮机打磨到一致高度

使用焊接销钉或垫圈拉出凹陷后，金属板的背面由于焊接产生的热量会破坏防腐层，所以需要在内部喷涂防腐剂，以保证修理价值。采用收缩法时，是先通过加热让延伸区的最高点收缩，然后再让下一个最高点收缩，依此类推，直到整个部位均收缩到原来的形状。对被拉伸的金属采用收缩的方法校正如图 5-40 所示。

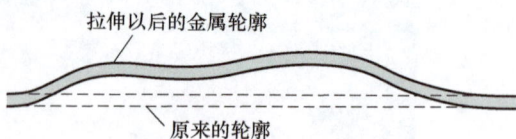
拉伸以后的金属轮廓
原来的轮廓

图 5-40　对被拉伸的金属采用收缩的方法校正

四、金属板变形修整后的修平处理

被损坏的部位经过敲击和拉出以后，还要用车身锉来寻找剩余的高点和低点（图 5-41）。

用车身锉时，从损坏区的一边开始锉，然后穿过损坏区，直到损坏区与未损坏区的形状保持一致。在锉的过程中，应该一手握住手柄向前推，另一只手握住车身锉的头部，以便控制压力的大小和方向。每次锉的时候应尽量拉长距离，在返回的行程中，用手柄将车身锉从金属上拉回。

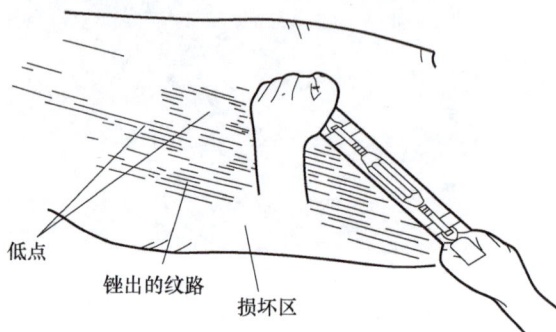
低点
锉出的纹路
损坏区

图 5-41　使用车身锉修平

如果锉的部位很平坦，需将车身锉与推进方向成 30° 角水平前推；也可以将车身锉平放，沿着 30° 斜角方向推（图 5-42）。在拱起的金属板上，应将车身锉放平，并沿着原来的拱起处平推，或者沿着拱起处最平坦的方向平放，以 30° 角或更小角度向一边推（图 5-43）。

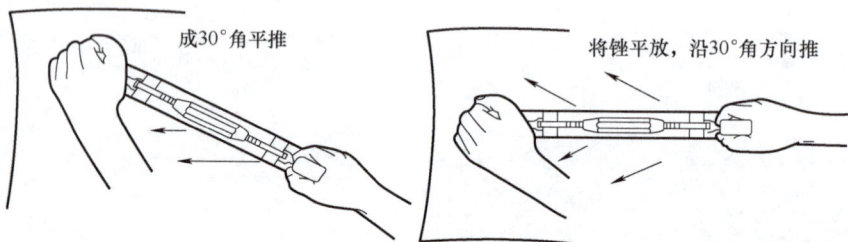
成30°角平推
将锉平放，沿30°角方向推

图 5-42　在平坦部位使用车身锉

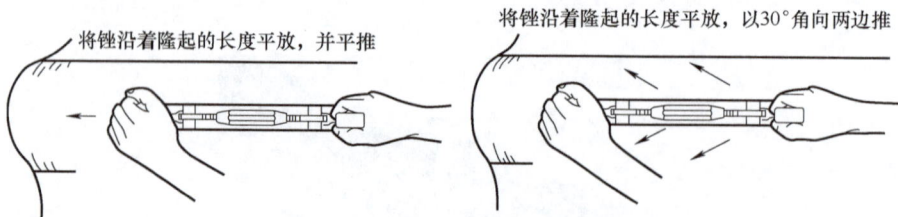
将锉沿着隆起的长度平放，并平推
将锉沿着隆起的长度平放，以30°角向两边推

图 5-43　在拱起部位使用车身锉

用车身锉可以找出金属板上所有的低点，然后拉高低点，敲平高点，反复进行这一操作，直至消除所有的低点和高点。

任务练习

1. 判断题

1）承载式车身是指由车身代替车架承受全部载荷的车身。 （ ）

2）非承载式车身框架结构采用高强度合金金属材料制造。 （ ）

3）承载式车身外部采用的覆盖件由薄金属材料冲压成形，以焊接方式连成整体。 （ ）

4）承载式车身的附件总成与车身框架结构的连接多采用不可拆卸连接。 （ ）

5）附件总成一般都由外部覆盖件和内部加强构件组成。 （ ）

2. 选择题

1）车身内部的附件总成包含（ ）。【多选】

A. 装饰件　　　　　　B. 座椅　　　　　　C. 安全系统　　　　　　D. 风窗玻璃

2）（ ）是指金属材料在外力的作用下发生尺寸和形状的改变，即产生变形，当外力消失后，金属材料可以恢复到原来的尺寸和形状的变形。

A. 挤压变形　　　　　B. 加工硬化　　　　C. 塑性变形　　　　　　D. 弹性变形

3）使用（ ）修整金属板凹陷变形时，须先轻敲几次，再用锉刀或砂轮机进行修整。

A. 铁锤　　　　　　　B. 垫铁　　　　　　C. 撬镐　　　　　　　　D. 修平刀

4）用（ ）修整金属板凹陷变形的方法还适用于很难接触到金属板背面的凹陷变形，或车门上的小范围铰折变形。

A. 铁锤　　　　　　　B. 焊接介子　　　　C. 撬镐　　　　　　　　D. 修平刀

5）在大致修整阶段或校正很深的凹陷时，可以使用（ ）。

A. 铁锤　　　　　　　B. 焊接介子　　　　C. 撬镐　　　　　　　　D. 修平刀

3. 简答题

1）什么是加工硬化？

2）当汽车损伤发生塑性变形并产生弹性变形时，应该如何维修？

3）修理受损车身的基本原则是什么？

4）使用修平刀修整金属板凹陷变形的方法是什么？

5）用车身锉来寻找剩余的高点和低点的方法是什么？

任务三

车身塑料件凹陷修复

任务目标

1. 列举汽车塑料件的类型。

2. 说出汽车塑料件的性能和鉴别方法。

3. 描述塑料的修复方法。

4. 按照安全操作规范完成前保险杠开裂修复。

任务实施

一、塑料基本知识

1. 塑料的种类

目前汽车上使用的塑料件较多，按照塑料的物理化学性能分可以分为热塑性和热固性两种类型。

热塑性塑料好比"蜡烛"，在特定温度范围内能反复加热软化和冷却硬化再成形，在整个过程中化学成分不会发生变化；热固性塑料则好比"鸡蛋"，在受热、使用催化剂或紫外线照射的条件下能固化成不熔、不溶性物料，冷却后硬化成一种永久的形状，再次加热或使用催化剂时其形状也不会发生改变。常用塑料的符号、化学名称、应用举例及属性见表5-1。

表5-1 常用塑料的符号、化学名称、应用举例及属性

符　　号	化　学　名　称	应　用　举　例	属　　性
ABS	丙烯腈-丁二烯-苯乙烯共聚物	车身板、仪表板、护栅、前照灯外罩	热塑性
ABS/MAT	玻璃纤维强化硬质丙烯腈-丁二烯-苯乙烯共聚物	车身板	热固性
EP	环氧树脂	玻璃钢车身板	热固性
EPDM	乙烯-丙烯-二烯烃共聚物	保险杠冲击条、车身板	热固性

（续）

符　号	化学名称	应用举例	属　性
PA	聚酰胺	外部装饰板	热固性
PC	聚碳酸酯	护栅、仪表板、灯罩	热塑性
PPO	聚苯撑氧	镀铬塑料件、护栅、仪表前板、前照灯外罩、装饰件	热固性
PE	聚乙烯	内翼子板、内衬板、帷幔、阻流板	热塑性
PP	聚丙烯	内饰板、内翼子板、内衬板、散热器、挡风帘、仪表板、保险杠、面罩	热塑性
PS	聚苯乙烯		热塑性
PUR	聚氨酯	保险杠面罩、前后车身板、填板	热固性
TPUP	热塑性聚氨酯	保险杠面罩、防水板、填板、软质仪表前板	热塑性
PVC	聚氯乙烯	内衬板、软质前板	热塑性
RLM	反应注模聚氨酯	保险杠面罩	热固性
RRLM	强化反应注模聚氨酯	外车身板	热固性
SAN	苯乙烯 - 丙烯腈	内衬板	热固性
UP	聚酯	玻璃钢车身板	热固性

2. 塑料的性能

不同的塑料，其性能不同。热塑性塑料受热时随着温度的升高逐渐软化，冷却时重新硬化为固体，再加热又可软化，因此可以进行焊接；热固性塑料受热初期软化具有一定的可塑性，随着继续加热，塑料中树脂分子不断增大，最后达到硬化，再加热不会继续软化，因此不能焊接，只能用胶黏剂黏结。

3. 塑料的鉴别方法

塑料件的鉴别很重要，只有在确定了塑料的种类后才能确定具体的修复方法。正确识别塑料种类的方法有以下几种：

1）根据国际符号或 ISO 码进行识别。塑料件背面有一个模压在椭圆内的条款号或缩写，可以根据此特点进行识别（图 5-44）。

2）查阅维修手册进行识别。未标注国际标准符号的塑料件，可查阅最新版车身维修手册予以识别。

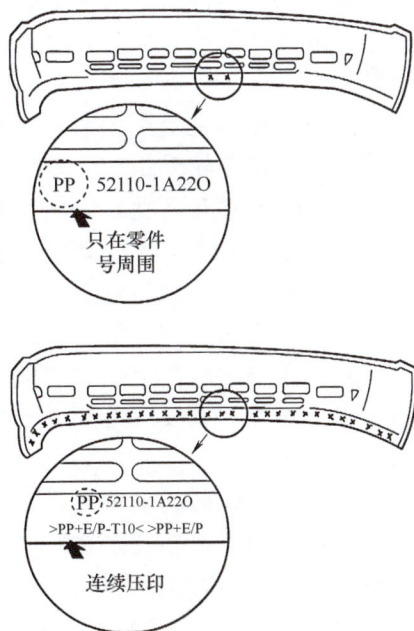

图 5-44　塑料保险杠背面的识别标记

3）试焊接识别。在部件的隐秘区或损坏区选择一种塑料焊接条进行试探性焊接，不同焊条的颜色不一样，常用的有 6 种左右（图 5-45）。试焊接时应准备一套塑料焊接工具，在试焊接前应对塑料件大致判断其种类，尽可能一次将焊条种类选择正确，然后再进行试焊。

4）敲击法。不同的塑料敲击之后声音的成色不同。PU 塑料声音较弱，PP 塑料声音较脆。

图 5-45　塑料焊条颜色

5）燃烧测试法。热固性塑料燃烧时不会产生熔滴，热塑性塑料燃烧时则会。

6）挠性测试法。将修理用的塑料制成试件，并与塑料件的样本共同进行弯曲测试。热固性塑料在弯折后不能完全恢复形状，而热塑性塑料弹性较好可以恢复形状。

二、塑料件的修补

车身塑料件的粘贴方法，有热熔胶粘、溶剂胶黏和胶粘剂粘三种。对于热塑性塑料，这三种方法都适用；而对于热固性塑料，则只能用胶粘剂粘。粘贴法具有简单、适用面广等优点，可以有效地修复断裂、填充裂缝、修补凹陷等。

1. 塑料件的粘贴与修补

（1）热固性塑料的胶粘与修补

1）胶粘。热固性塑料是由低分子量的线性树脂，在固化剂的作用下，发生化学反应而变成的结构。其特点是加热不熔化、溶剂不溶解、高温则碳化，而且刚度好、硬度高、耐冲击、抗蠕变和尺寸稳定。由此，也决定了热固性塑料的修补工艺，只能采用胶粘剂进行粘贴。

热固性塑料主要用于制作保险杠、前格栅、阻流板、轮辋罩等，常见损伤形式是断裂，图 5-46 所示为用速干胶粘接塑料件，粘接时应先将胶粘面及周围清洗干净，然后使用速干胶将断口粘起来，校准碎块与基础件的相对位置。如果碎块短缺，可从废弃的车身塑料件上切补，但要保证接口平整、无缝，无误后再用速干胶将其全部断缝填满。

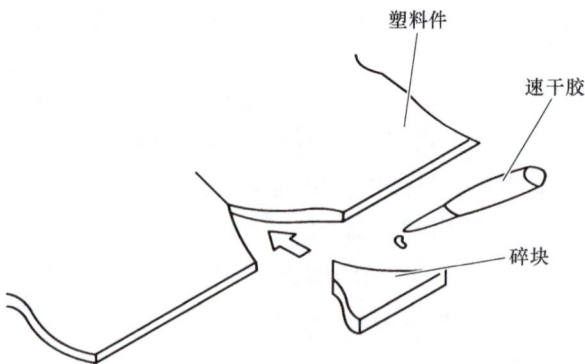

图 5-46　用速干胶粘接塑料件

对于承受载荷的塑料件，除了按上述方法胶粘牢固外，还可以在断缝的背面用热熔式胶枪将断缝填补起来。此种修复方式起不到焊接塑料的作用，但具有一定的连接与加固作用。

2）修补。当需要修补图 5-47a 所示的局部缺陷时，须将环氧树脂和固化剂按 1:1 的比例调和，然后涂施于打磨好的凹陷处（图 5-47b）。施工过程中要注意，不要留有气泡、蜂孔等；使用热风机或红外线烘灯使其在 50℃的温度下干燥 30min 以上，再分别用粗、细砂纸将涂补处按原形打磨平整；打磨过程中不得用力过猛，以避免擦伤未损坏部件及塑料件的表面。

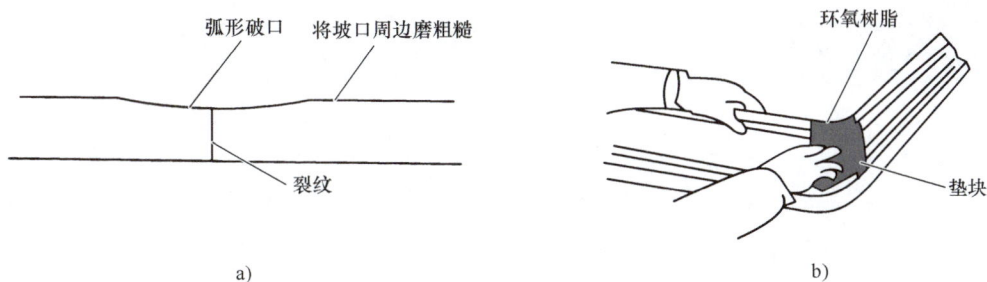

图 5-47 局部缺陷的修补
a）打磨 b）填补环氧树脂并修磨平整

（2）热塑性塑料的胶粘与修补

1）胶粘。车身上的车身内饰件、冷暖风机壳和前后保险杠等都是用热塑性塑料制成的，其中比较有代表性的是聚丙烯（PP）塑料，它不仅可塑性好，而且质量轻、耐疲劳、抗冲击能力强。

热塑料件的断裂可以用胶粘剂直接胶粘。使用的胶粘剂有：国产 HY-914、J-11、JC-15、705、SA102、TY201 等。同样，在裂纹的背面也可利用热熔胶枪进一步加固。

2）修补。当车身热塑性塑料件发生缺陷性损伤需要修补时，首先应用细砂纸将表面打磨粗糙，然后涂上 PP 塑料底漆，再用环氧树脂腻子将缺陷修补平整，烘干固化后再分别用粗、细砂纸按原样打磨光滑即可。

为改善外观和涂装性能，有些 PP 塑料保险杠或仪表板在其表面添加了一层橡胶状弹性纹理，这种新型涂料不仅能改善二元环氧树脂与 PP 塑料的亲和性，对外观的涂装效果也远比其他涂料优越得多，但给修补工作增加了一定难度。对于此类部位的修补，用上述方法修补后还需要用 PP 塑料专门涂料对修补过的部位的表面进行喷涂处理。

没有进行过纹理改进的车身塑料件发生轻度裂纹或表面划伤时，只需直接使用这种新型涂料，就可以达到遮盖表面损伤的目的。

2. 塑料件的热矫正

由于大多数车身塑料件都具有良好的弹性和柔性，所以受到冲击、挤压等机械损伤时，一般都会以弯曲、扭曲或弯扭变形共存的综合变形出现。对变形的热塑性塑料，可采用热矫正的方法使变形得到恢复。

车身防撞条、前格栅、仪表板、电器操纵箱等多采用 ABS 塑料，它具有强度高、成形性好和二次加工容易等优点，这为其热矫正提供了便利条件。

对热塑性塑料件进行热矫正时，应先将发生整体变形的塑料件置于 50℃左右的温度下加热一段时间，当塑料件趋于软化后再用手将变形处恢复原样。对局部小范围变形，可使用热风机对变形部位加热，塑料件的热矫正如图 5-48 所示。使用热风机加热易加热不均，造成局部过热而烧损塑料件，操作时最好在变形部位的背面烘烤，待塑料稍一变软就立刻用手进行按压、矫正。

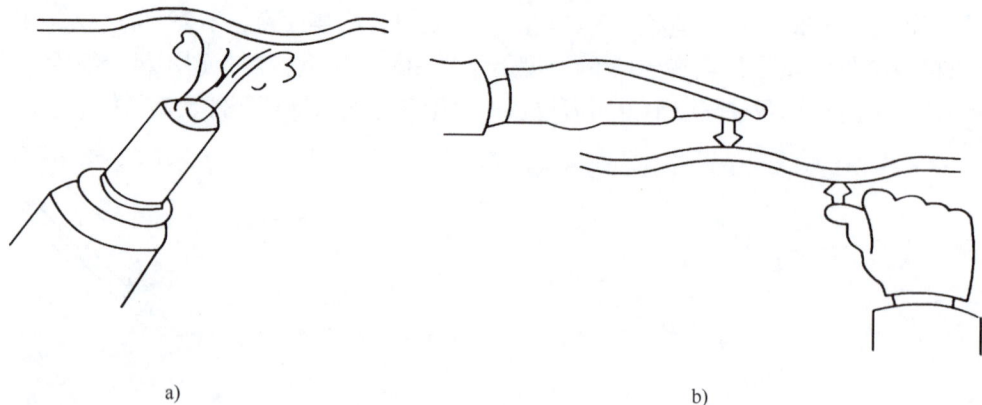

图 5-48　塑料件的热矫正

a）加热　b）矫正

较大变形可以使用红外线烘干灯来加热（图 5-49）。当塑料件稍一变软，就应立即按压矫正变形部件。为了保证良好的外观，变形面积较大时，还应借助一些辅助工具（如光滑的木板）。

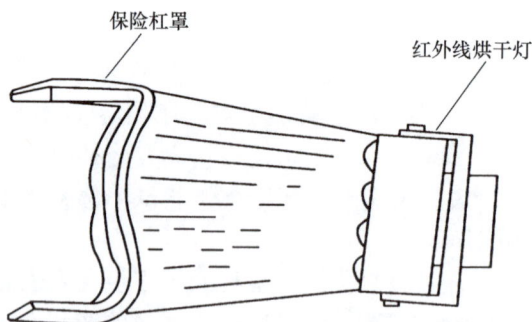

图 5-49　用红外线烘干灯加热变形部位

红外线烘干灯加热效率高、温升快，因此需要注意控制塑料件的受热温度，一般以 50~60℃为宜，不得超过 70℃，以免产生永久性变形。完成矫正后，应让其在原处慢慢恢复到常温状态；不要采取强制性冷却措施或过早地搬动，以避免构件发生整体变形。

3. 塑料件的焊接

对于有一定强度要求的车身塑料件（尤其是当塑料件的破口损坏或缺陷较大时），用胶粘法就难以实现修复效果了。（前文提到的热熔胶枪，类似焊接但实际上也不过是另一种形式的胶粘，因为热熔胶枪并未将塑料熔化，它通电加热只是熔化了枪体内的热溶胶。）这种塑料件损伤需要采取焊接方式（此方式仅适用于热塑性塑料，热固性塑料只能使用粘接或热熔枪"焊接"）予以修补，焊接方式可以有效地解决连接强度、材料缺损和重度机械损伤等问题。为了保证塑料件的焊接品质，可以根据需要将焊缝打磨成图 5-50 所示的塑料件坡口。

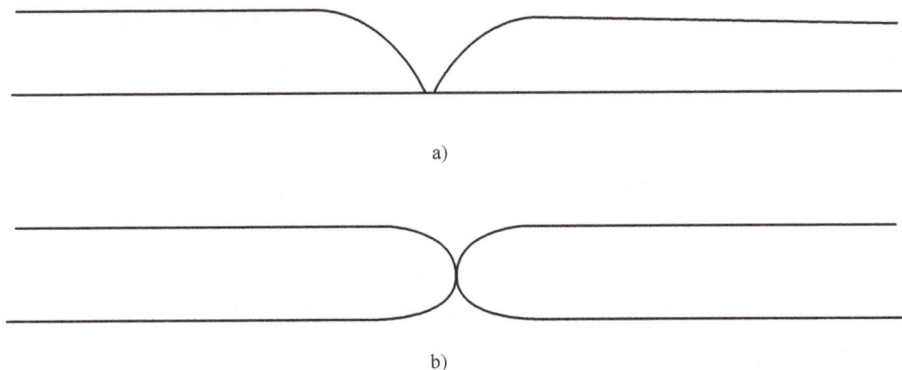

a)

b)

图 5-50　塑料件坡口

塑料焊接操作简便，将焊口及周围清理干净后，就可以按图 5-51a 所示的方法，用焊炬对塑料件和焊条同时加热。当需要对裂缝进行填充时，要将塑料焊条和焊件一起熔化，随即将焊条塞入裂缝并用焊炬口将焊缝吹平；当需要对裂缝进行焊接时，需要使焊炬、焊条、焊件三者相互倾斜成一定夹角，并从裂缝中间部位起逐渐焊向边缘（图 5-51b）。一般新焊条端头是平齐的，为了便于将焊条插入焊缝，在使用前将焊条的端部磨削成 60° 斜角（图 5-51c）的形状会更方便使用。

焊缝影响美观或对安装有妨碍时，要对其进行整形和打磨。当修整量较大时，可用锉削并结合粗、细砂纸打磨的方法进行修正。

为了确保车身塑料件的修补质量，实践中往往将胶粘与焊接两种方法结合在一起进行；有时还需要在焊接前用两脚钉将塑料件固定，以提高二者的结合强度。

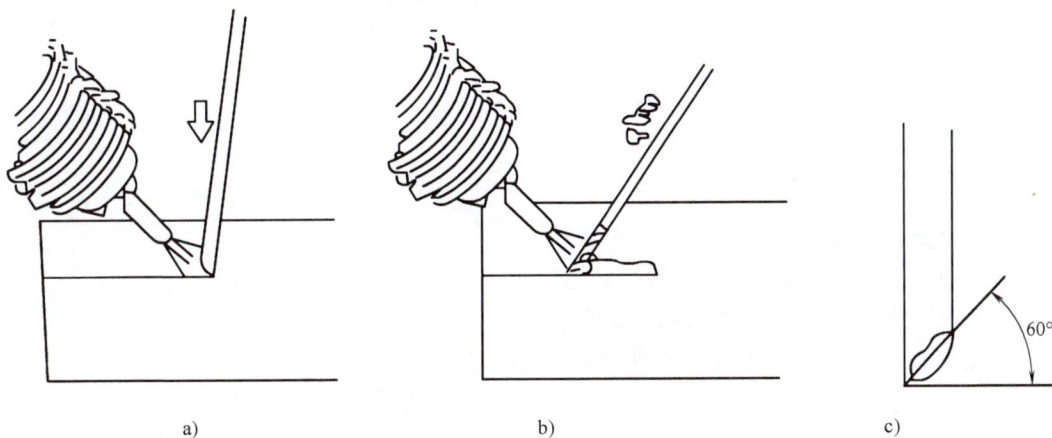

a)　　　　　　　　　　　　　　　b)　　　　　　　　　　　　　　c)

图 5-51　用塑料焊条焊接车身塑料件
a）同时加热塑料焊条和焊件　b）焊炬、焊条、焊件三者均应成一定夹角
c）为了便于将焊条插入焊缝，应将焊条的端部磨削成 60° 斜角

4. 热空气塑料焊炬的结构与操作

（1）热空气塑料焊炬结构

塑料板件焊接可以选用热空气塑料焊炬。热空气塑料焊炬是采用电热元件产生热风（温度为

230~340℃）热风通过焊嘴吹到塑料上，使其软化，加热后熔化的塑料棒再被压入接缝。在焊接过程中，塑料件的焊接收缩量比金属大，所以在焊接下料时应多留焊接余量。

（2）热空气塑料焊炬焊嘴类型　根据热空气塑料焊炬焊嘴的不同种类，可以分为定位焊嘴、圆形焊嘴以及快速焊嘴，不同的焊嘴应用范围各不相同。

定位焊嘴：用于在焊接之前对塑料件的断开部位进行临时点焊。此种焊接方法在必要时较容易拉开，以便重新定位。

圆形焊嘴：用于进行短焊、焊接小孔，也可用于焊接难以触及的部位和尖角部位。

快速焊嘴：用于直而长的接缝焊接。这种焊嘴可以夹持、固定、预热焊条，并能将焊条输送到基底材料，因而可进行快速焊接。

（3）热空气塑料焊炬操作步骤

1）逆时针拧松控制手柄，使调压阀关闭，以免因压力突然增高而损坏压力表。

2）接通气源（其初始压力取决于加热元件的功率），将调压阀连接到压缩空气或惰性气体的供气路上。

> **注意事项**
>
> 　　使用压缩空气时，应把调压阀调到管线的标准压力 1.4MPa 左右，如果用的是惰性气体，则需要使用减压阀。

3）将焊机接到指定的交流电源上。

4）在指定的工作气压下预热焊炬。

> **注意事项**
>
> 　　必须保持从预热升温到冷却降温整个过程中焊炬都有气流通过，以免加热零件烧坏或使焊炬受损。

5）在损伤部位开 V 形槽。

6）在损伤部位外围削斜 1/4in（6.35mm）。

7）将断裂线进行定位焊或用铝质车身胶带粘好。

8）选用适当的焊嘴，并用钳子把它插接到焊炬上。

> **注意事项**
>
> 　　焊嘴装好后，因背压的作用会使温度稍有升高，经过 2~3min，焊嘴即可达到所需的工作温度。

9）用温度计检测距焊嘴热风出口 6mm 处的温度。

10）进行焊接。焊好后冷却和硬化处理约 30min。

注意事项

对于热塑性塑料，该处温度应为 230~340℃。焊接说明书中一般都配有焊接温度选择图表。

11）焊完后，应先切断电源，几分钟之后或套筒冷却到可以触摸之后再切断气源。

12）把焊缝磨光、擦光或刮出适当的轮廓和形状。

注意事项

如果上述部位温度对于焊接材料来说太高，则可把压缩空气的压力稍稍调高，直到温度下降；如果温度对于焊接材料来说太低，则可稍稍降低压缩空气的压力，直到温度升高；在调整压缩空气的压力时，应保持 1~3min，使温度在新的设定条件下达到稳定状态。

压缩空气的压力过大不会损坏焊炬及其加热元件，但压力过低则会导致加热元件过热。因此，在调低压缩空气压力时，不要调低到把手处的套筒固定螺母烫手的程度。若固定螺母烫手，则说明出现了过热。

气路内滤网堵塞或电压不稳定也能引起过冷或过热，应加以注意。

如果套筒端部的螺纹太紧，应当用优质、耐高温的油脂清理，以免螺纹卡死。

任务练习

1. 判断题

1）按照塑料的物理化学性能分可以分为热塑性和热固性两种类型。（　　）

2）热固性塑料好比"蜡烛"，在特定温度范围内能反复加热软化和冷却硬化再成形，在整个过程中化学成分不会发生变化。（　　）

3）热塑性塑料可以进行焊接；热固性塑料不能焊接，只能用胶黏剂黏结。（　　）

4）不同的塑料敲击后声音不同：PP 塑料声音较弱，PU 塑料声音较脆。（　　）

5）热固性塑料是由低分子量的线性树脂，在固化剂的作用下，发生化学反应而变成的结构。（　　）

2. 选择题

1）以下车身部件中，由热塑性塑料制成的有（　　）。【多选】
　　A. 保险杠　　　　　　　B. 车身内饰件　　　　C. 电器操纵箱　　　　D. 前格栅

2）以下车身部件中，由热固性塑料制成的有（　　）。【多选】
　　A. 保险杠　　　　　　　B. 车身内饰件　　　　C. 电器操纵箱　　　　D. 前格栅

3）当车身热塑性塑料件发生缺陷性损伤需要修补时，首先应用细砂纸将表面打磨粗糙，然后涂上（　　　）。

  A. PC 塑料底漆 B. PPO 塑料底漆 C. PP 塑料底漆 D. PE 塑料底漆

 4）热固性塑料常见损伤形式是（　　　）。

  A. 毛边 B. 黏膜 C. 磨花 D. 断裂

 5）根据热空气塑料焊炬焊嘴的不同种类，可以分为（　　　），不同的焊嘴应用范围各不相同。【多选】

  A. 方形焊嘴 B. 定位焊嘴 C. 圆形焊嘴 D. 快速焊嘴

3. 简答题

 1）识别塑料类型的方法有哪些？

 2）热固性塑料的特点是什么？

 3）塑料件的粘贴方法是什么？

 4）表面涂有橡胶状弹性纹理的保险杠和仪表板的特点是什么？

 5）热矫正的操作步骤是什么？

项目六　防腐作业

　　随着社会的不断发展，人类生活水平的不断提高，人们对轿车的舒适性和耐久性的要求也日益提高。轿车质量问题日益受到重视。为了确保轿车质量，必须使轿车车身防腐性能与整车使用寿命相适应。

　　汽车的损坏一般有三种因素，即腐蚀、磨损、意外事故。其中以腐蚀损坏最为普遍和严重。汽车腐蚀不仅会造成巨大的经济损失，材料和能源浪费，而且还会带来环境污染、意外事故。因此汽车防腐工艺在汽车工业中占据重要的地位。

　　车身防腐最根本的是从车身板材入手，汽车材料主要指汽车零部件材料和运行材料。本项目主要从汽车材料和汽车防腐作业两个部分进行介绍。

任务一

汽车材料认知

任务目标

1. 描述金属材料的种类及特征。
2. 描述非金属材料的种类及特征。

任务实施

汽车材料主要分为金属材料和非金属材料。

一、金属材料

1. 金属材料的性能

（1）机械性能　金属材料的机械性能（又称"力学性能"）是零件设计和选材时的主要依据。常用的机械性能包括强度、塑性、硬度、冲击韧性和疲劳极限等。

1）强度。强度是指金属材料在外力作用下抵抗破坏（过量塑性变形或断裂）的性能。依据不同的外力作用方式，可将强度分为抗拉强度、抗压强度、抗扭强度、抗剪强度等。抵抗外力的能力与材料的强度成正比。通常材料一旦确定，也就确定了零件的相应强度极限。

内力是指当材料受到外力作用时，在其内部产生与外力大小相等而方向相反的相互作用力。在单位截面积上产生的内力称为应力。一般以应力的形式衡量和评判强度。

2）塑性。塑性是指金属材料在外力的作用下，产生塑性变形（永久）而不被破坏的能力。当金属材料受到作用时，长度和横截面积都会发生变化。因此，可用长度的伸长（延伸率）和断面的收缩（断面收缩率）两个指标来衡量金属的塑性。

3）硬度。硬度是衡量金属材料软硬程度的重要指标。按硬度试验方法的不同，可分为布氏硬度（HB）、洛氏硬度（HRA、HRB、HRC）和维式硬度（HV）等。目前生产中测定硬度方法均是采用压入硬度法，它是用一定几何形状的压头在一定载荷下压入被测试的金属材料表面，根据被压入程度测定其硬度值。

4）冲击韧性。冲击韧性是指金属在冲击载荷（以很大的速度作用于机件上的外力）的作用下抵抗破坏的能力。

5）疲劳极限。前面所提及的强度、塑性、硬度都是金属在静载荷作用下的机械性能指标。实际上，机器零件在循环载荷的条件下工作会产生疲劳。疲劳极限表示应力振幅的极限值，在这个值以下，被测试样能承受无限次的应力周期变化。

（2）化学性能 金属材料的化学性能是指金属材料与周围介质接触时抵抗发生化学反应的性能。它包括耐蚀性和抗氧化性等。

1）耐蚀性。指金属材料抵抗各种介质侵蚀的能力。

2）抗氧化性。指金属材料在高温下，抵抗产生氧化的能力。

（3）工艺性能 金属材料对不同加工方法的适应能力称为工艺性能。它包括冲压性能、焊接性能和可加工性等。

1）冲压性能。冲压性能是指金属在热或冷的状态时，在外力的作用下进行塑性变形的能力。通常用金属的塑性和变形抗力来衡量金属材料的冲压性能。塑性和变形抗力成反比，塑性越大，变形抗力越小，金属的加工性能越好。

2）焊接性能。焊接性能是指金属材料对焊接加工的适应性。焊接性能好的金属材料用一般焊接方法与工艺施焊即可，焊接的接头强度几乎与母材的强度一致，焊接时不易形成裂纹、气孔、夹渣等。焊接性能差的材料则需要用特定的方法与工艺施焊。

不同材料、不同工作条件下的焊件，焊接性能的内容不同。金属焊接性能的内容广泛，主要包括焊接性、熔接合金成分的改变、吸气性、氧化性、内应力及冷热裂倾向等。

3）可加工性。可加工性是指金属材料被切削加工的难易程度。金属材料的可加工性，不仅与材料本身的化学成分、内部组织有关，还与刀具的几何参数等因素有关。通常，可根据材料的硬度和韧性对材料的可加工性做大致的判断。不同硬度下的切削特点见表 6-1。

表 6-1 不同硬度下的切削特点

硬 度	刀具磨损情况	切削特点
工件硬度过高	刀具易磨损	切削加工困难
工件硬度过低	容易粘刀	不易断屑，加工后表面粗糙
工件硬度合适	刀具磨损小	切屑量大，加工表面粗糙度小，精度高

2. 金属材料的种类

金属材料可分为钢铁材料和非钢铁材料。

（1）钢铁材料

1）钢板的种类。汽车上使用的钢板通常有热轧钢板与冷轧钢板、低碳钢和高强度钢。

① 热轧钢板与冷轧钢板。热轧钢板和冷轧钢板都是钢板或型材成形的工序，它们对钢材的组织和性能有很大的影响。在较高的温度下，将钢板轧制成相对薄一点的钢板的过程称为热轧；在常温条件下轧制钢板的过程称为冷轧。由于热轧钢板与冷轧钢板形成的过程不同，因此也各自具有不同的特点和用途。热轧钢板与冷轧钢板的对比见表 6-2。

表 6-2 热轧钢板与冷轧钢板的对比

类 别	轧制温度	轧制厚度 / mm	优 点	缺 点	用 途
热轧钢板	800 ℃ 以上高温	1.6~8	成形速度快、产量高、不损伤涂层	抗扭性能较差、承受集中荷载的能力弱	用于制造汽车上强度要求高的零部件，例如车架底盘大梁等；也用于制造 H 槽或 L 槽建材

（续）

类　别	轧制温度	轧制厚度 / mm	优　点	缺　点	用　途
冷轧钢板	常温条件下	0.4~1.4	表面质量好、具有良好的可压缩性	在稳定性、抗疲劳等方面可能有不利的影响	用于车身组件

② 低碳钢。低碳钢（又称"软钢"）是指含碳量较低的钢材，它具有硬度和强度较低、易加工、塑性和柔韧性良好、比较耐冷等特点。由于其自身的性能特点以及环保和节能上的优势，因此，低碳钢常用于车身的覆盖件，较少用于整体式车身。

③ 高强度钢。高强度钢是一种合金钢，其屈服强度介于 210MPa 与 550MPa 之间。由于高强度钢具有抗冲击能力强、对冲撞能量的吸收性好、拉伸性能高等特点，因此近几年来广泛应用于汽车车身，例如车身 A 柱、B 柱、横梁、门槛加强板等部位，极大地提高了车辆的安全性能和回收利用率。

高强度钢可分为高强度低合金钢（HSLA）、高抗拉强度钢（HSS）和超高强度钢（UHSS）三种类型。

高强度低合金钢（HSLA）：因其是在普通碳素钢发展的基础上加入磷来提高钢的强度的，所以又称为回磷钢。这种钢具有强度适中、耐腐蚀、有较好的焊接性且经济实用等特点，因而广泛应用于桥梁、船舶、汽车等领域。就汽车领域来讲，这种钢通常用于制造前后梁、车门立柱、保险杠、车门槛板等。

汽车车身材料

高抗拉强度钢（HSS）：高抗拉强度钢又称"沉淀淬硬钢"，它通过增加硅、锰和碳的含量提高抗拉强度，抗拉强度可超过 310MPa。这种钢具有优异的加工性能和冲压性能，常用于车门边护板和保险杠加强筋等，当这两者不宜矫正修复时，需要重新更换。

超高强度钢（UHSS）：超高强度钢的屈服强度一般大于 1180MPa，抗拉强度大于 1380MPa。这种钢具有良好的焊接性、柔韧性、成形性。应用于现代车身上的超高强度钢主要有单相钢、双相钢、多相钢、硼钢等。

单相钢：这种钢只有一相显微组织。最著名的超高强度钢是马氏体钢。

双相钢：这种钢有两相显微组织，因其融合了马氏体的"强硬"和铁素体的"柔韧"，因此具有强度较高、延展性或成形性较好的特点，成为现今高强钢中最经济、使用最广泛的钢种。这种钢主要用于对力学性能要求高的零件，例如制造结构件、安全件、防撞件等。

多相钢：这种钢有多相显微组织，由于其融合了马氏体、铁素体、贝式体和奥氏体结构，因此多相钢不仅具有很高的强度，而且还具有很高的吸收能量的特点。

2）特殊钢板。汽车上使用的特殊钢板有不锈钢板和夹层制振钢板。

① 不锈钢板。不锈钢板包含两层含义，一层含义是耐大气、蒸汽等弱介质腐蚀的钢板，另一层含义是耐酸、碱、盐等化学侵蚀性介质腐蚀的钢板。不锈钢是一种合金钢，不易生锈，主要用于一些豪华汽车车身的外部装饰部件和排气管。

② 夹层制振钢板。夹层制振钢板是指在两块钢板间夹着一层塑胶膜，相对于以前，现

在的塑胶膜较厚。夹层制振钢板可以将振动能量转换成热的形式，产生抑制效果，因此，主要用于制造下隔板和行李舱隔板。

（2）非钢铁材料

1）铜与铜合金。纯铜具有优良的导电性、导热性、塑性、耐蚀性和焊接性能，又有一定的强度，广泛应用于导电、导热和耐蚀器件。铜合金按加入元素不同可分为黄铜、青铜和白铜。在机械生产中普遍使用的铜合金是黄铜和青铜。铜合金常用于汽车机油泵衬套。

2）铝与铝合金。铝是一种低强度、塑性好的金属。但是由于纯铝强度低、可加工性差、焊接性差等特点，因而较少在汽车工业中使用。铝合金是指在铝中加入一些合金元素（例如铜、镁、硅、锰等元素）。铝合金在汽车工业中使用比较广泛。

① 铝合金的分类。依据加工方法的不同，铝合金可分为变形铝合金和铸造铝合金。变形铝合金具有强度高，比强度大等特点，适合加工成各种形态、规格的铝材。变形铝合金可分为工业纯铝、热处理不可强化的铝合金和热处理可强化的铝合金三类。铸造铝合金具有良好的铸造性能，可以制成形状相对复杂的零件，它依据加入的元素可分为铝硅合金、铝铜合金、铝镁合金和铝锌合金四种。

② 铝合金车身的性能优点。

➤ 耐蚀性。铝合金可以在空气中形成一层致密的氧化膜，这种氧化膜可以将外部腐蚀物质隔绝开来，以防氧气进一步腐蚀。

➤ 安全性。铝合金在碰撞过程中可以吸收大量的能量，因此常用于碰撞吸能部位，以提高车身的安全性能。

➤ 良好的装饰性。铝合金具有良好的塑性，可加工形成各种产品。

➤ 密度小。铝合金的密度约为钢铁的1/3，因此在车身制造过程中可以减轻车辆的重量，减少燃油消耗，具有一定的经济性。

此外，铝合金的特性还有能进行表面处理、导热（电）性能好、强度高、低温性能好、反射性强、无磁性、无毒、容易再生等。

③ 铝合金在车身上的应用。铝合金最初只应用在发动机和轮毂等部件上，随着技术的发展，铝合金逐渐应用于车身外部装饰部件和车身结构件，成为汽车车身上使用最多的轻金属材料（如奥迪A6、别克GL8和标致307等轿车发动机舱盖；雷诺Laguna Ⅱ轿车的发动机舱盖、车顶和车门板；捷豹XJ以及宝马5系列轿车的车身结构件和外部板件等。

二、非金属材料

近年来，车身非金属材料的使用成为发展趋势。汽车上使用的非金属材料主要有塑料、橡胶、玻璃和黏合剂。

1. 塑料

（1）塑料的组成　塑料是一种高分子材料，它以合成树脂为主，以某些添加剂为辅，在一定的温度和压力下加工而成。其中加入合成树脂的种类、性质以及量的多少影响着塑料的性能。常用的合成树脂主要有酚醛树脂、环氧树脂、氨基树脂、有机硅树脂、聚氯乙烯和聚苯乙烯等。加入添加剂的目的是改善塑料的性能，添加剂包含的物质及各物质的作用见表6-3。

表6-3 添加剂包含的物质及各物质的作用

物　　质	作　　用
填料	起强化作用，可改善提高塑料的某些性能，例如耐热性、耐磨性
增塑剂	提高可塑性和柔软性
稳定剂	提高在光和热作用下的稳定性，延缓老化
固化剂	使塑料在加工过程中硬化
着色剂	使塑料制品的色彩美观

（2）塑料的分类和特征　塑料有多种分类方式，塑料分类与特点见表6-4。塑料之所以能够得到广泛的应用，在于其具有许多金属和其他材料所不具备的优良性能，例如塑料具有密度小、电绝缘性好、耐蚀性好、消声和隔热性好、减摩性好及具有良好的工艺性能等特征。

表6-4 塑料分类与特点

分类方法	种　类	含义或特点	举　例
塑料用途	通用塑料	指产量大、用途广、价格低廉的塑料	聚乙烯、环氧树脂、酚醛树脂等
	工程塑料	可以承受外力，具有良好的力学性能和稳定性，在高、低温下仍可以保持优良性能	聚碳酸酯、聚甲醛等
	特种塑料	具有耐热、自润滑等特殊功能的塑料	聚苯硫醚、聚四氟乙烯等
塑料的物理化学性能	热塑性塑料	在一定温度范围内可以反复加热软化和冷却硬化的塑料	聚乙烯、聚氯乙烯等
	热固性塑料	只能塑制一次的塑料，固化后，不再受热软化	酚醛塑料、环氧塑料等
塑料成形方法	模压塑料	用于模压的树脂混合料	热固性塑料等
	层压塑料	指浸有树脂的纤维织物，经叠合、热压而结合成为整体的材料。	—
	注射、挤出和吹塑塑料	指能在料筒温度下熔融、流动，在模具中迅速硬化的树脂混合料	热塑性塑料等
	浇铸塑料	指能在无压或稍加压力的情况下，倾注于模具中能硬化成一定形状制品的液态树脂混合料	MC 尼龙等
	反应注射模塑料	指液态原材料加压注入膜腔内，使其反应固化成一定形状制品的塑料	聚氨酯等
塑料半制品和制品	模塑料	主要由热固性树脂（如酚醛）和填料等经充分混合、按压、粉碎而得	酚醛塑料粉
	增强塑料	加有增强材料而某些力学性能比原树脂有较大提高的一类塑料	—
	泡沫塑料	含有无数微孔的塑料	—
	薄膜	一般指厚度在 0.25mm 以下的平整而柔软的塑料制品	—

（3）塑料在汽车中的应用　汽车中使用最多的塑料种类是通用塑料，例如聚丙烯（PP）、ABS树脂和聚乙烯（PE）。汽车常用塑料种类及应用见表6-5。

表6-5　汽车常用塑料种类及应用

塑料名称	应　　用
聚丙烯（PP）	保险杠、仪表板、门内饰板、空调零部件、蓄电池外壳等
ABS树脂	汽车的外部或内部零件，例如仪表器件、制冷和取暖系统等
聚乙烯（PE）	燃油箱、通水管、导流板和各类储罐等
聚碳酸酯（PC）及其合金	仪表板骨架、车轮罩盖、散热器格栅、车辆外板、内外装饰件等部件
热塑性聚酯（PBT、PET）及其合金	汽车保险杠、汽车后视镜/外壳、车外部把手、安全气囊、通电部件
聚甲醛（POM）	车门把手、安全带机械部件、组合开关和后视镜等
聚苯硫醚（PPS）	动力制动装置和动力导向系统的旋转式叶片、温度传感器、汽车发动机和交流电机部件、燃料泵及点燃装置部件、汽化器部件、各种传感器部件等

不同的车型，使用塑料的部位也会有一定的差异，别克威朗车身上用到塑料的部位主要有仪表板、副仪表板、座椅、顶棚、门内板、扶手、地毯、行李舱内衬、发动机舱盖内衬以及各种吸音、降噪用的毛毡垫等，塑料在汽车车身上的使用部位如图6-1所示。

图6-1　塑料在汽车车身上的使用部位

2. 橡胶

（1）橡胶的基本性能

橡胶是一种可逆形变的高分子材料，可分为两种类型，一种是从植物中提取加工而成的天然橡胶，另一种是从石油中提炼出的合成橡胶。尽管天然橡胶和合成橡胶具有不同的结构和特点，但是仍然具有一定的共性，具体内容如下：

1）橡胶具有极大的弹性，即当外力作用于橡胶时，橡胶会产生拉伸变形，但当外力达到一定的程度后，橡胶会抵抗变形，当外力消失时，橡胶恢复到原来的形状。

2）橡胶具有良好的绝缘性（大多数橡胶），不仅可以与电绝缘，而且还具有耐腐蚀、耐寒等特点。

3）橡胶具有良好的吸附能力，可以与其他材料黏附在一起。

4）橡胶具有良好的热可塑性。热可塑性是指橡胶在一定的温度下将失去弹性而具有可塑性的特性。依据这一特性可以将其加工成所需的形状和尺寸。

（2）橡胶在汽车中的应用

橡胶广泛地应用于汽车零部件中，例如轮胎、车门窗密封条、风扇传动带、缓冲垫、油封和制动摩擦片等。其中汽车轮胎是汽车上橡胶用量最大的零件，轮胎的外胎普遍使用天然橡胶、丁苯橡胶、顺丁橡胶等；内胎一般用气密性好的材料来制造，例如丁基橡胶。垫带也由橡胶材料制成，用来垫在内胎与轮辋之间，保护内胎，兼起防尘、防水作用。不同的车型，橡胶在车上所用的部位也不相同。别克威朗汽车上橡胶的使用部位如图 6-2 所示。

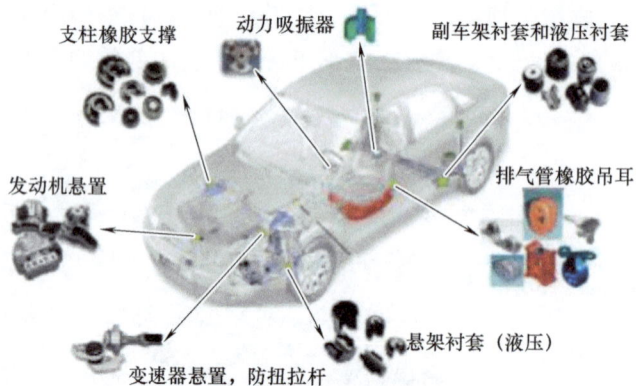

图 6-2　别克威朗汽车上橡胶的使用部位

3. 玻璃

传统车上使用玻璃的基本要求是防御风寒、尘土和雨水，且能提供良好的视野，如今，随着技术的发展，现代汽车玻璃逐渐向安全、美观、多功能、轻而薄等方向发展。依据用途和加工方法，汽车安全玻璃可以分为钢化玻璃、夹层玻璃、有机玻璃和特殊功能玻璃。

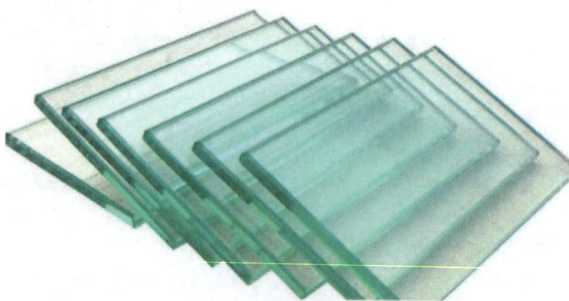

图 6-3　钢化玻璃

（1）钢化玻璃　钢化玻璃（图6-3）是将普通玻璃淬火，使其内部组织形成一定的内应力，使玻璃的强度加强形成的，因此，钢化玻璃具有两个优点：第一，钢化玻璃会比一般玻璃的抗振性强；第二，当钢化玻璃受到冲击破碎时，不会像普通玻璃一样形成尖锐的碎片，而是形成无锐角的碎片，因此能极大地降低对人体的伤害。这种玻璃常用于制造前风窗玻璃。

（2）夹层玻璃　夹层玻璃是一种复合玻璃产品。它由两片玻璃（或多片玻璃）及中间夹的一层（或多层）树脂膜组成（图6-4）。夹层玻璃具有良好的抗冲击性能、抗穿透性能以及黏结性能，因此即使夹层玻璃破碎，其表面仍整洁光滑（图6-5），不会对人体造成伤害。这种玻璃常用于制造前风窗、侧窗和后风窗玻璃。

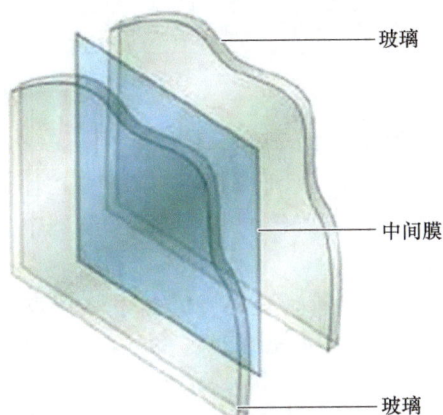

图6-4　夹层玻璃

图6-5　破碎的夹层玻璃

（3）有机玻璃　有机玻璃是由甲基丙烯酸甲酯聚合而成的高分子化合物。它具有较好的透明性、化学稳定性、力学性能、耐候性，同时具有易染色、易加工、外观优美等优点（图6-6），此外有机玻璃还具有抗紫外线辐射的作用，能避免车内人员长期处于曝晒状态。这种玻璃通常用于车身顶盖、天窗的镶装玻璃，还可利用有机玻璃材料良好的光学性能制成汽车外罩，保护车身整体不受紫外线侵蚀，同时不影响驾车视野。

图6-6　有机玻璃

（4）特殊功能玻璃　除了以上常用的玻璃外，还有一些具有特殊功能的玻璃，其类型和作用见表 6-6。

表6-6　特殊功能玻璃类型和作用

类 型 名 称	作　　用
电热线玻璃	除去玻璃上的雾气，并防止刮水器冻结
内装天线玻璃	接收收音机、电视机和电话的信号
着色玻璃	吸收部分可见光线而使室内较暗
反射热线玻璃	吸收红外线性佳而使空调更有效率
隔离紫外线玻璃	可隔离约93%的紫外线（一般玻璃可隔离约60%的紫外线）
泼水玻璃	有雨水时不会影响视线
印刷式陶瓷线玻璃	将使用在玻璃内侧、车身的凸缘和饰板的黏着剂隐藏起来，以改善视觉

4. 黏合剂

黏合剂又称黏结剂，它可以将金属、玻璃、木材等黏结在一起，或填补零件裂纹、空洞等有缺陷的材料，在耐水、耐油、耐腐蚀、电绝缘和黏合能力方面具有良好的性能。因其具有成本低、连接可靠、工艺简单，不会引起零件变形等特点而广泛应用于汽车修理中。汽车修理用的黏合剂主要有环氧树脂黏合剂和酚醛树脂黏合剂。

（1）环氧树脂黏合剂　环氧树脂胶黏剂是一类由环氧树脂基料、固化剂、稀释剂、促进剂和填料配制而成的工程黏合剂。其以环氧树脂和固化剂为主，其他配料作为它的辅料。各类黏合剂的特点见表 6-7。

表6-7　各类黏合剂的特点

材 料 名 称	特点或作用	常用材料举例
环氧树脂	黏结能力强、固化收缩率小、耐蚀性和绝缘性好、使用方便等，缺点是脆性大、耐热性差	
固化剂	具有良好的耐油、耐酸性能	常用的固化剂有乙二胺、间苯二胺和聚酰胺等
增韧剂	提高柔韧性、黏结层的抗剥离能力、耐冲击能力	
填料	改善黏结接头的强度和表面硬度，提高耐热性和电绝缘性，节约树脂用量	常用的填料有铁粉、石英粉、石棉粉和玻璃丝等
稀释剂	溶解树脂、降低黏合剂的黏度，控制固化过程的反应热，延长黏合剂的适用期	常用的稀释剂有丙酮、甲苯和二甲苯等
促进剂	加速固化并降低固化温度	常用的有四甲基二氨基甲烷和间苯二酚等

（2）酚醛树脂黏合剂　酚醛树脂黏合剂是一种有机黏合剂，其主要成分是酚醛树脂，它具有较高的黏接强度，对金属和多数非金属都有良好的黏接性，此外它还具有耐热、耐烧蚀、耐水、耐油、耐磨、耐化学介质、耐霉菌、耐老化等特点。

酚醛树脂既可单独使用，又可与其他树脂或橡胶混合使用。当其与环氧树脂一起使用时（酚醛树脂用量为环氧树脂的30%~40%），还应加入增韧剂和填料，此外还可加入5%~6%的乙二胺，以加速固化，提高韧性。

任务练习

1. 判断题

1）变形铝合金中一般合金元素含量较低，并且具有良好的塑性，适宜于塑性加工。　　　　　　　　　　　　　　　　　　　　　　　　　　　　（　　）

2）热固性塑料成形后再加热时可软化熔化。　　　　　　　　　　　　（　　）

3）塑料是一种高分子材料。　　　　　　　　　　　　　　　　　　　（　　）

4）天然橡胶一般用于轮胎和电线电缆的绝缘护套。　　　　　　　　　（　　）

5）抵抗外力的能力与材料的强度成反比。　　　　　　　　　　　　　（　　）

2. 选择题

1）承受（　　　）作用的零件，使用时可能会出现疲劳断裂。

　A. 静拉力　　　　B. 静压力　　　　C. 大的冲击力　　　　D. 交变应力

2）聚氯乙烯（PVC）是一种（　　　）塑料。

　A. 通用　　　　B. 工程　　　　C. 特种　　　　D. 热固性

3）高分子材料主要有（　　　）。

　A. 陶瓷、塑料、无机玻璃　　　　　　　B. 塑料、橡胶、合成纤维

　C. 陶瓷、合成纤维、无机玻璃　　　　　D. 塑料、橡胶、无机玻璃、陶瓷

4）金属抵抗塑性变形和断裂的能力称为（　　　）。

　A. 硬度　　　　B. 强度　　　　C. 塑性　　　　D. 疲劳极限

5）橡胶常用作（　　　）。

　A. 密封　　　　B. 抗振　　　　C. 减振及传动材料　　　　D. 结构零件

3. 简答题

1）什么是热塑性塑料和热固性塑料？试举例说明。

2）什么是强度？强度有几种类型？

3）简述铝合金的优点。

4）什么是塑料？常用的合成树脂有哪些？

5）什么是夹层玻璃，有什么特点？

任务二
汽车防腐作业

任务目标

1. 列举当前汽车使用的车身材料。

2. 描述车身涂装防腐的几种工艺类型及作用。

3. 在规定时间内正确规范地完成底盘涂层作业。

任务实施

车身腐蚀直接影响着汽车的外观和使用寿命，因此车身防腐是车身修复中一项非常重要的工作。通常影响车身防腐性能的因素主要有车身材料、涂装材料和涂装工艺等。因此，车身材料的选择和汽车防腐的工艺对车身防腐性能极为重要。

一、车身材料的选择

车身材料对车身的防腐具有重要的影响。因此，各国都在探索通过改变车身材料来提高汽车防腐性能的技术。现在世界各国的汽车行业开始使用单面或双面镀锌钢板、铝材、铝合金、塑料及复合材料等增强车身的耐蚀性。此外，还可以运用电镀锌、热镀锌等方法提高车身内外表面板材的耐蚀性。车身防腐材料如图 6-7 所示。

镀锌钢板　　　　　　　　　铝合金轮毂　　　　　　　　碳纤维车身

图 6-7　车身防腐材料

二、汽车防腐的分类

汽车防腐大致可以分为车身涂装防腐和底盘涂层两个方面。

1. 车身涂装防腐

（1）车身电泳工艺（图6-8）　电泳涂装是一种特殊的涂膜形成方法，电泳涂装法可以分为两种，一种是阳极电泳法，是指被涂工件为阳极，电泳涂料是带负电荷的阴离子型涂料；另一种是阴极电泳法，是指被涂工件为阴极，电泳涂料是带正电荷的阳离子型涂料。

电泳涂装的原理是带电荷的涂料粒子与它所带电荷相反的电极相吸。例如，将被涂工件作为阴极（或阳极）并浸渍在装满用水稀释过的低浓度电泳涂料槽中，在槽中另设置一个与之相对应的阳极（或阴极）。两极间通上一定时间的直流电后，在工件表面会析出一层均匀的水不溶性涂膜。

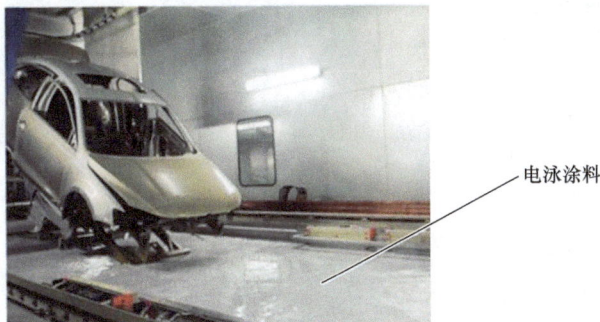

电泳涂料

图6-8　车身电泳工艺

电泳涂装具有浸透性好、涂膜附着好与防锈能力强等特点。由于电泳涂料可以完全溶解和乳化于水中，且电泳液的浓度和水一样低，因此可以浸透到包括袋状结构和缝隙等车身内外表面的所有部分，从而达到无遗漏、均匀、致密、全方位的保护车身的效果。

（2）车身磷化工艺（图6-9）　磷化是指将工件（钢铁、铝或锌件）浸入磷化液（某些酸式磷酸盐为主的溶液）之后，在表面沉积形成一层不溶于水的结晶型磷酸盐转换膜的过程。由此可见，磷化工艺过程实质是一种化学与电化学反应形成磷酸盐化学转化膜的过程。

磷化的目的主要有三个：一是保护基体金属，在一定程度上防止金属腐蚀；二是提高漆膜层的附着力；三是在金属冷加工工艺中起减摩润滑作用。

图6-9　车身磷化工艺

当今汽车磷化的处理方式多样，主要有喷淋、浸渍、喷浸结合、刷涂等，其中浸渍因其具有高的生产效率和磷化处理质量而得到广泛使用。

（3）钝化工艺　钝化是指利用化学或电解的方法在金属表面形成一层保护性的惰性薄膜，使活性金属表面处于钝化状态。

钝化具有进一步改善电泳涂层与磷化膜附着能力、提高磷化膜的耐蚀性的作用。然而由于钝化剂中的六价铬为剧毒物质，因此有些国家或地区（如欧美）的汽车公司开始使用无铬钝化剂进行钝化处理，还有一些国家或地区已经取消了钝化工序。在我国，对于普通钢板有以下两种处理方法：

1）若采用低锌磷化液进行磷化，则可不进行钝化处理。

2）若采用高锌磷化液或镀锌钢板，则需进行钝化处理。

（4）空腔注蜡工艺（图6-10） 用于汽车的防锈蜡可分为内腔防锈蜡、发动机防锈蜡、底盘防锈蜡、面漆保护蜡，这四种防锈蜡各自有不同的特点和用途。

汽车车身中有许多空腔，这些空腔不仅具有增加车身强度的作用，还对减小车身质量具有重要的作用。为了防止空腔发生锈蚀，内腔注蜡技术应运而生。

空腔注蜡是在车身底部四个空腔中打入一定量的液态蜡，经过特定工艺流程使留在车身空腔内部的蜡形成均匀的保护蜡膜，使水滴无隙可入，以此保证整车良好的防腐性能。

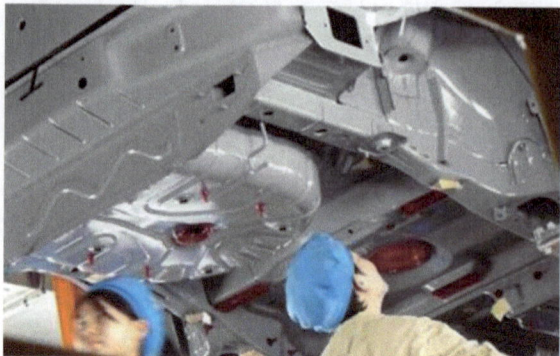

图6-10 空腔注蜡工艺

注蜡工艺的流程如下：

1）先用热风给全车身加热至85℃左右。

2）全车身加热完毕后，将专用的内腔防锈蜡加热至115℃。

3）用专用泵将已经融化的蜡注入预先留的注蜡孔中，停留一段时间，让多余的蜡液自动流出，直至蜡膜的厚度到几百微米。

4）然后进入冷却区用冷风吹至常温。

5）最后，将所有注蜡孔全部封死。

（5）密封防腐 汽车车身在结构折边、焊缝、减振等部位需要涂抹密封胶达到防腐的目的，汽车车身所用密封胶种类多样，主要有环氧类胶、聚氨酯胶、PVC类胶、有机硅胶和混合类胶（PVC+ 环氧 + 橡胶混合类胶）等。焊缝密封工艺和环氧胶分别如图6-11和图6-12所示。

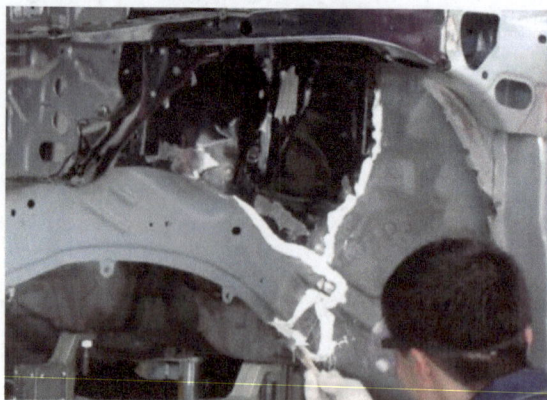

图6-11 焊缝密封工艺

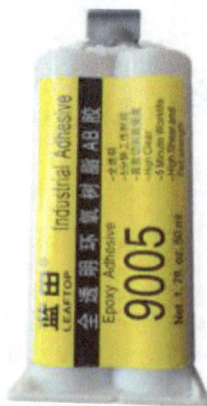

图6-12 环氧胶

1）环氧类胶。环氧类胶的作用主要有两个：一是减少车门、行李舱盖、发动机舱盖的折边处车身钢板焊点；二是保护焊点，增加车身强度。环氧类胶的主要特点有单组分、高温固化、高剪切强度、耐高温、耐盐雾、耐蚀性好、对基材粘附性极好等。

2）聚氨酯胶。聚氨酯胶主要作用是粘接风窗玻璃和车身。大部分聚氨酯的特点是单组分、湿固化（个别胶是双组分胶，两组分混合固化）、耐热性好、耐老化、耐紫外线好、对基材粘附性好、具有较高剪切强度和模量。汽车风窗玻璃胶如图6-13所示

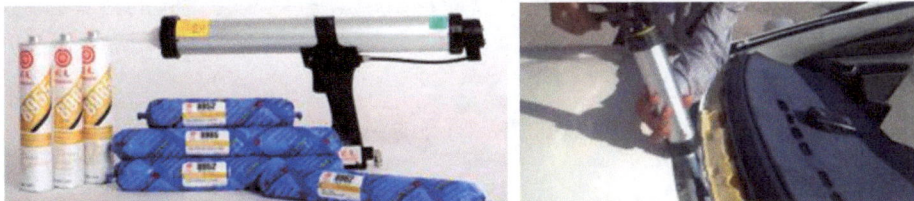

图6-13　汽车风窗玻璃胶

3）PVC类胶。PVC类胶主要用于车身底部，作用是密封减振，防止石击。PVC类胶具有单组分、中高温固化、柔韧性好、密封性能好、耐盐雾、耐蚀性好、粘附性极好等特点。

4）有机硅胶。有机硅胶主要用在发动机舱盖处，起密封作用。有机硅胶具有单组分、遇湿固化、快速固化、密封性能优越、耐热性好、耐老化、耐油性好、力学性能（硬度、耐压缩性、模量和延伸性）稳定持久。有良好的压缩变形性等特点。

5）混合类胶。混合类胶主要用在车门、行李舱盖、发动机舱盖的折边处。混合类胶具有单组分、高温固化、耐盐雾、耐蚀性好等特点，此外还具有较高的强度、良好的柔韧性、对基材粘附性好等特点。

2. 底盘涂层

底盘涂层（也称"底盘装甲"或"底盘封塑"）是一种用于汽车底盘防锈、隔音的涂料，是专为车辆底盘开发的一种高科技的粘附性橡胶沥青涂层。这种涂层喷涂在车辆底盘、轮毂、油箱、汽车下围板、行李舱灯暴露部位，快速干燥后可以形成一层牢固的弹性保护层。

依据不同的使用材料，底盘涂层的处理方式可分为两种：一种是采用溶剂型涂料进行处理，另一种是采用聚氯乙烯（PVC）树脂涂料进行处理。通常第二种方式应用较多，这种涂料的主要成分是聚氯乙烯树脂、增塑剂、调节剂、颜料、体质颜料等。该涂料固体含量高，抗剪切力强，此外它还能阻隔空气、水分和酸碱的侵蚀，提高底盘的防锈、防振以及隔音能力。底盘防护如图6-14所示。

图6-14　底盘防护

任务练习

1. 判断题

1）电泳涂装法分为阳极电泳和阴极电泳。 （ ）

2）内腔注蜡时用的防锈蜡和给车打蜡时用的蜡是一样的。 （ ）

3）磷化工艺过程是一种化学与电化学反应形成磷酸盐化学转化膜的过程，所形成的磷酸盐转化膜称为磷化膜。 （ ）

4）有机硅胶有较好的减振作用。 （ ）

5）底盘涂层是一种用于汽车底盘防锈、隔音的涂料。 （ ）

2. 单选题

1）汽车车身材料采用表面镀（ ）才达到自身的防腐作用。

A. 镍   B. 铜   C. 铝   D. 锌

2）车身涂装防腐主要措施不包括（ ）。

A. 电泳防腐   B. 磷化防腐   C. 塑料防腐   D. 底盘涂层防腐

3）下列哪种材料可以用做车身材料？（ ）

A. 碳纤维   B. 镀铜钢板   C. 铝合金   D. 镀锌钢板

4）PVC 类胶和聚氨酯胶的共同特点不包括（ ）。

A. 对基材粘附性极好   B. 耐蚀性好

C. 单组分   D. 高温固化

5）下列哪项不是底盘涂层的作用？（ ）

A. 耐油   B. 防振   C. 降噪   D. 防石击

3. 简答题

1）简述车身涂装防腐的工艺类型。

2）简述电泳工艺的原理。

3）密封胶大致有几种类型？分别是什么？

4）简述磷化的目的。

5）简述空腔注蜡的工艺流程。

项目七 新材料及修复工艺介绍

　　随着社会的高速发展与不断进步，汽车制造技术也得到了飞速发展，汽车制造企业在车身生产过程中逐渐用到了新型材料、复合材料。

　　在众多采用新型材料的车辆中，有些采用低合金钢、高抗拉强度钢、超高强度钢作为车身主要材料，还有些车身局部或全部采用铝质板材，这就给车身维修技师带来了新的难题。

　　本项目主要介绍车身钣金材料工艺、钣金修复新工艺。在介绍车身材料及修复工艺的基础上，通过新材料和新工艺的介绍让学生了解车身钣金的最新形势和动态。

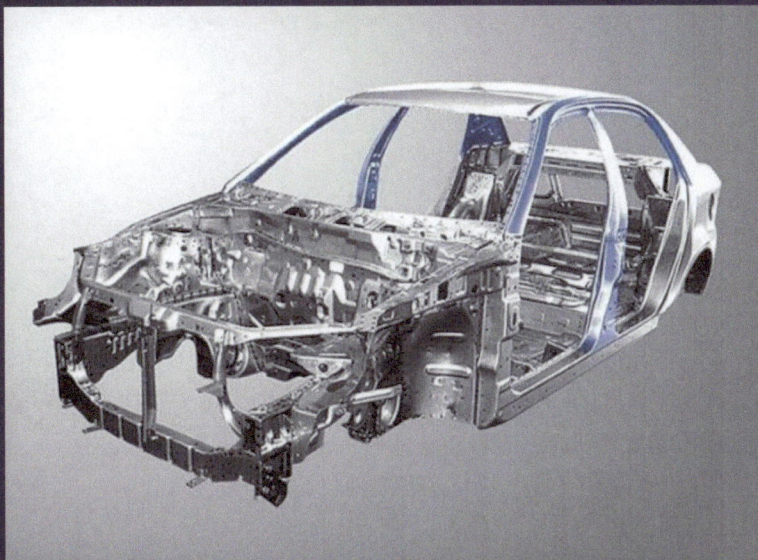

任务一

新材料认知

任务目标

1. 了解汽车应用新材料的类型和意义。

2. 掌握高强度钢和塑料在汽车中应用的类型、应用和特点。

3. 掌握铝合金材料在汽车中的应用和特点。

4. 了解镁合金、钛合金和碳纤维材料的应用和特点。

5. 在规定时间内按照安全规范操作辨别出实训车辆应用塑料的部件和塑料类型。

任务实施

随着汽车技术的发展，汽车的功能日益完善，汽车的结构越来越复杂，传统的汽车通常由几千个零件组成，现代高级轿车由几万个零部件组成。为满足汽车节能、环保、安全、舒适的要求，实现轻量化、高强度、高性能的目标，构成汽车的材料也发生了巨大的变化。

汽车开始大量应用不同种类的新材料，例如镁合金、钛合金和碳纤维复合材料等。

一、镁合金

目前工业应用中，质量最轻的金属是镁，随着世界各国对汽车排放的要求日趋严格以及对节能降耗的迫切需求，镁合金材料日益受到汽车工业的关注。此外，由于镁资源储量丰富，在金属中仅次于铝、铁，位居第三位，因此镁以及镁合金具有得天独厚的优势。

1. 镁合金分类和在汽车中的应用

与铝合金类似，镁合金也可分为两类，即变形镁合金和铸造镁合金，在使用时可以依据牌号进行区分，变形镁合金用"ZM+ 顺序号"表示，例如 ZM1、ZM3、ZM5 等；铸造镁合金用"MB+ 顺序号"表示，例如 MB1、MB5、MB7 等。目前常用的镁合金主要有镁 - 锰系、镁 - 铝 - 锌系和镁 - 钍系等。

汽车用镁合金材料多以压铸件为主，依据所承受载荷的大小，压铸件可分为结构铸件和非结构铸件两类。

结构铸件：它具有一定的形状结构，不仅要能够承受一定的载荷，而且还要具有一定的抗冲击能力，主要用于汽车的支架，例如转向盘、仪表板、座椅、车门框架等。

非结构铸件：它可以不用承受大的冲击，但要求部件尺寸精确、密封性好。它主要用于汽车的壳体，例如变速器、凸轮罩盖、离合器壳、发动机舱盖、进气歧管和油底壳等。

目前用于汽车中的镁合金压铸零件已有 60 多种，镁合金压铸件的开发和应用状况见表7-1。

表 7-1　镁合金压铸件的开发和应用状况

产品状态	镁合金压铸件
已用且近期将推广	轮毂、仪表板、座椅框架、变速器壳体、转向系统、气缸盖、进气歧管和制动踏板架
正加紧开发	门框、大的车体外部件、支撑柱、油底壳、镁合金转向盘

2. 镁合金材料的优点

镁合金汽车零件有以下优点：

1）轻量化。镁合金的密度小，仅为钢铁的 2/9，铝的 2/3 左右。因此，使用镁合金材料比使用铝合金效果更明显，即可在铝合金减重的基础上再减轻 15%~20%。

2）具有较高的强度和刚度。从比强度方面来看，镁合金的比强度比铝合金和钢的比强度高。从比刚度方面来讲，镁合金的比刚度接近于铝合金和钢。因此，镁合金能够承受一定的负荷。

3）具有良好的铸造性和尺寸稳定性。镁合金熔点低、可塑性强，因此易加工、易成形、废品率低，从而可降低生产成本。

4）减振降噪。在汽车受到冲击时，镁合金可以吸收较多的能量，可提高汽车的安全性和舒适性。

5）回收利用率高且经济效益好。其回收利用率可达 85% 以上，且回收利用的费用仅为材料成本的 4% 左右。

二、钛合金

在汽车轻质金属材料中，钛的强度大大高于其他材料，而钛合金可以达到与铝合金相当的高强度，因此历来受到汽车工业的极大关注。特别是在一些恶劣的工作条件下，铝镁合金材料无法满足汽车性能要求时，钛合金将是取代钢铁的最佳轻量化材料。

1. 钛合金在汽车中的应用

钛以及钛合金早在 20 世纪 50 年代就已经进入汽车领域，但由于其价格比较高，加工工艺复杂，因此发展较为缓慢。近几年，随着汽车材料向轻量化、高性能方向发展，以及由于钛合金优良的综合性能，世界各国对钛合金在汽车中的应用日益重视。

目前，汽车中使用的钛合金零部件主要有发动机连杆、发动机气门、气门弹簧座、涡轮增压器、排气系统及消声器、车体框架部分。除此之外，其还用于发动机摇臂、悬架弹簧、发动机活塞销、车用紧固件、挂耳螺母、制动器卡钳活塞、销轴栓、压力板、变速按钮及汽车离合器圆板等。由此可见，随着材料技术的不断发展，钛合金材料的生产和加工成本也将不断地降低，应用范围也会不断地扩大，钛合金在汽车领域也将得到更多的应用。

2. 钛合金材料的优点

钛合金汽车零件有以下优点：

1）质量小。钛的密度为 4.5g/cm³，仅为钢的 58%，因此加工而成的零件质量小。

2）具有良好的可加工性、焊接性能。

3）具有较高的强度和韧性。钛合金的比强度比铝合金和钢的比强度高，韧性与钢铁相当。

4）耐腐蚀、耐热、抗氧化性强，高、低温性能好。

三、碳纤维复合材料

1. 碳纤维复合材料在汽车中的应用

（1）碳纤维复合材料的定义　碳纤维是一种含碳量高达 95% 的无机高分子纤维，由有机纤维经过热处理转化而成。碳纤维在物理性能上具有许多优良的特点，例如强度大、模量高、密度低、线膨胀系数小等，可以说碳纤维是新材料之王。碳纤维复合材料主要是由碳纤维与树脂、金属、陶瓷等复合而成的材料。

（2）碳纤维复合材料的应用　碳纤维复合材料用于汽车部件上不仅可以实现汽车轻量化，而且在安全性与乘用舒适性等方面也有很大提高，因此越来越受到汽车工业的重视，很多汽车制造商生产的高档、豪华轿车（如通用、宝马、大众、奔驰、福特、奥迪、本田、日产等公司的高档轿车）几乎都开始试用或已经采用了各种碳纤维复合材料。碳纤维材料车身如图 7-1 所示。

图 7-1　碳纤维材料车身

1）碳纤维复合材料应用于汽车车身、底盘及承力部件，其在保证安全性的同时具有十分明显的减重效果。在各种材料制造的车身中碳纤维复合材料是最轻的，尤其是与钢质车身相比，轻量化效果达 53% 以上。美国通用汽车公司 1992 年展出了由碳纤维复合材料制造车身的超轻概念车，其车身质量为 191.0kg，整车质量降低了 68%，可节油 40%。兰博基尼汽车公司 2011 年推出 Murcielago 替代车型，该车采用全碳纤维复合材料单壳体车身，质量仅有 145.5kg。目前，碳纤维复合材料制成的车身结构件已在德国宝马公司开发的 Z-9 和 Z-22 系列中大量采用。德国大众汽车公司的 "2L 车" CC 研究项目，碳纤维复合材料用于车身的比例高达 4%，通用汽车公司采用碳纤维复合材料制成的 Chevrolet、corvette Z06 纪念版轿车的发动机罩，质量仅 9.3kg，福特和保时捷的发动机罩也全部采用了碳纤维复合材料，其在安全性不降低的前提下获得了极高的轻量化效果。

2）碳纤维复合材料具有良好的抗冲击性和能量吸收能力，用于车身及其结构件时具有良好的碰撞安全性。碳纤维复合材料质量仅为钢的50%左右，在碰撞时吸收能量的能力却是钢或铝的4~5倍，使汽车碰撞安全性显著提高。例如碳纤维复合材料制成的两根纵梁应用于梅赛德斯 - 奔驰SLR跑车，可以彻底吸收正面碰撞时产生的能量，以保证乘客侧的结构基本不受影响；而全部由碳纤维复合材料制成的乘客舱，在发生尾部或侧面撞击时为车内乘客提供了非常可靠的安全空间。

3）碳纤维复合材料振动衰减系数大，吸振能力强，用于传动系统和发动机部件时，不仅能减小车的质量，还可以减少振动、降低噪声，从而增加乘坐舒适度。奥迪Quattro系列、日产GTR和Fairlady车型、阿斯顿·马丁V8 Vantage Coupe车型和马自达RX-8车型上已大量使用了碳纤维复合材料制造的传动轴。基于碳纤维复合材料在可靠性、耐久性和强度等方面的优点，日本近年开始在制造汽车涡轮增压器压气机叶轮时用其替代铝合金，将叶轮质量降低48%，从而使转子惯量降低，加速性能提高，极大缩短涡轮增压器的响应滞后。对碳纤维进行表面处理，能大幅提高碳纤维复合材料的强度，为在发动机中应用碳纤维复合材料提供了很好的借鉴。

4）与金属材料相比，采用碳纤维复合材料制造车身可以省去复杂的金属模具、冲压、焊接及喷涂投资，综合生产成本要降低很多。有研究成果表明，在一定产量之内的汽车（低于2万辆），使用树脂传递模塑成型（RTM）生产的碳纤维复合材料车身比金属工艺的车身综合成本低，说明了小批量生产时碳纤维复合材料用于车身的经济优势，因此其在未来环保车型的开发中具有较强的竞争力和良好的社会效益。

2. 碳纤维复合材料的特点

（1）碳纤维复合材料的优点

1）密度小，强度高，在常用材料中比强度和比模量最高，用于车身及底盘能在减轻车重的同时不损失强度和刚度，汽车安全系数不降低。

2）韧性好，具有良好的抗冲击性和能量吸收能力，用于车身及其结构件具有良好的碰撞安全性。

3）阻尼高，抗振性能好，用于车身、传动系统及发动机部件时具有良好的减振、隔音效果，能提高乘坐舒适性。

4）抗疲劳性能极佳，用于承受疲劳载荷的汽车零部件时能有效延长其使用寿命。

5）优秀的耐热性、耐蚀性与抗辐射性能，在电动汽车和其他新能源汽车领域应用具有很强的竞争力。

6）成型工艺多，可设计性好，易于实现零部件一体化生产，可极大缩短开发周期，节约成本。

（2）碳纤维复合材料的局限性

1）碳纤维材料加工时需要进行复杂的应力计算。因为碳纤维复合材料的拉伸强度强，但剪切强度弱，所以在计算应力方面需要付出更多精力。

2）碳纤维材料的加工生产效率较低。加工碳纤维时需要额外的工艺过程，增加了劳动力和成本，并且要求操作人员有较高的技术水平，所以生产效率较低。

3）碳纤维材料对人力成本的需求大。因为对碳纤维的生产属于劳动密集型生产，制品质量由工人技术熟练程度决定；手糊用树脂分子量低，通常可能较分子量高的树脂有害于人的健康和安全。

任务练习

1. 判断题

1）镁合金将是取代钢铁的最佳轻量化材料。 （   ）
2）碳纤维是一种含碳量高达 95% 的无机高分子纤维。 （   ）
3）钛资源储量丰富，在金属中仅次于铜、铁，位居第三位。 （   ）
4）在汽车轻质金属材料中，钛的强度大大高于其他材料。 （   ）
5）与其他材料相比，碳纤维强度大、模量高，因此是新材料之王。 （   ）

2. 单选题

1）碳纤维复合材料主要是由碳纤维与树脂、金属和（   ）等复合而成的材料。

    A. 有机玻璃　　　　　　B. 橡胶　　　　　　　　C 塑料　　　　　　　　　　D. 陶瓷

2）使用镁合金材料比使用铝合金效果更明显，即可在铝合金减重的基础上再减轻（   ）。

    A. 10%~15%　　　　　B. 20%~25%　　　　　C. 15%~20%　　　　　　D. 25%~30%

3）碳纤维复合材料制成的车身结构件已在（   ）公司开发的 Z-9 和 Z-22 系列中大量采用。

    A. 德国宝马　　　　　　B. 日本日产　　　　　C. 意大利兰博基尼　　　D. 德国奔驰

4）下列哪项没有使用钛合金零部件？（   ）

    A. 发动机连杆　　　　　B. 发动机气门　　　　C. 底盘　　　　　　　　D. 气门弹簧座

5）下列哪项不属于碳纤维复合材料的缺点。（   ）

    A. 需要进行应力计算　　　　　　　　　　B. 对人力成本的需求大
    C. 加工生产效率较低　　　　　　　　　　D. 密度小、阻尼高

3. 简答题

1）简述变形镁合金和铸造镁合金如何区分。
2）简述钛合金材料的优点。
3）镁合金压铸件可以分成几类？简述这几类的特点。
4）简述碳纤维复合材料在汽车中的应用。
5）简述镁合金材料的特点。

任务二
新材料修复工艺

任务目标

1. 正确说出高强度钢修复注意事项及修复。
2. 正确描述汽车钣金快修工艺的维修方式。
3. 正确说出免喷漆电磁凹陷修复仪适用范围、注意事项及使用方式。
4. 正确说出车身铝板件修复方法及车身铝板的焊接。

任务实施

随着科学技术的发展，为了适应人们对汽车整体性能的要求，各种新型材料广泛应用于汽车，并朝着易加工易改型、轻量化、高性价比等趋势发展。因此新材料逐渐成了汽车品质、质量及竞争力的基础，同时，新材料的修复方式也不断发展。

一、高强度钢板修复

大多汽车制造厂为了满足高强度、塑性好、质量小等的要求，制造汽车部件时都采用质量小、强度好的高强度钢。但是，高强度钢所具有的特点在维修方面存在很多难题。

1. 高强度钢修复注意事项

（1）加热对钢性能的影响

1）加热对低碳钢性能的影响。当低碳钢受热时，随着钢板温度的升高，低碳钢的强度和刚度会减小。加热停止，温度降至常温后，强度会恢复到原来的程度。

因此，对于低碳钢板材的修复，加热操作后钢板的原有强度不会降低。可采用常规氧乙炔焊、电弧焊或低碳钢薄板短时间加热焊接。

2）加热对高强度钢性能的影响。当高强度钢受热时，高强度钢的金属晶粒会随温度的升高而发生变化，原来较小的晶粒会被熔融、吸收而变成较大的晶粒，同时金属晶粒之间的作用力会随之减小，外观强度降低。当受热的高强度钢恢复到常温状态时，其内部晶粒本身不能恢复到原来的小晶粒状态，因此高强度钢被过度加热再冷却时，强度会随之下降。

3）加热对车辆产生的损害。加热不仅会改变钢板的强度，还会损坏镀锌层，造成钢板的腐蚀，降低钢板的缓蚀性。氧化膜形成后，钢板厚度减小，进一步降低了钢板强度；过度加热也可能导致车辆燃烧。因此修复车身时，应尽量避免加热。

受热后的高强度钢零件的表面外观和结构形状变化不大，这种现象容易引起维修人员的误解，认为加热不会破坏板材，实际上加热后破坏了板材的内部结构，这种变化对车的风险是巨大的。车身承重板的强度下降，在一段时间后会发生变形。发动机、悬架、转向系统等相关机械部件的安装点将会发生变化，导致振动增加、轮胎偏磨、跑偏、转向齿轮齿条过度磨损等问题。尤其是在发生事故的情况下，这些板块无法达到设计的作用（如碰撞能量的吸收变化），这将导致事故造成更大的伤害。

4）钢材颜色和温度的关系。加热过程中，钢材颜色会随着温度升高而变化。以前的铁匠根据钢的颜色变化来判断加热温度，但这需要长期的经验和出色的观察力。钢材的颜色与温度关系见表 7-2。

从表 7-2 可以看出，钢加热到 600℃时，我们可以用肉眼观察颜色的变化，这时的温度已超过了大多数的高强度钢板的耐热温度。并不是所有类型的高强度、超高强度钢板不可以加热，只是允许加热的温度范围非常低，通常不超过 200℃。由于加热的温度范围不能用常规方式控制，因此制造商通常不允许以产生过多热量的方式修复现代汽车。

表 7-2　钢材的颜色与温度关系

温度 /℃	600	700	800	900	1000	1100	1200	1300
颜色变化	暗红	红色	淡红	橘红	黄色	淡黄	白色	亮白

（2）钢材热处理的种类　钢材的热处理通常可分为正火处理、淬火处理、回火处理和退火处理四类。

钢材的热处理是通过调节加热温度和冷却速率来控制的，热处理结果取决于金属的含碳量和合金的类型。不同热处理方式与温度的关系如图 7-2 所示。

1）正火处理是用来加强内部结构的。将钢材加热到 850℃后，用空气来冷却的热处理过程即为正火处理。当钢材经过机械加工后，会产生塑性变形，导致其内部结构散乱，强度不均匀。此时，对其内部结构进行正火处理，可改善其力学性能。

2）淬火处理用于提高硬度（脆性）。将含碳量为 0.4%（质量分数）的钢材加热至 850℃后，急速冷却，这种热处理过程即为淬火处理。淬火虽然能够增加硬度，但也会增加脆性。

3）回火处理用来提升韧性。将淬火处理过的材料，再次加热至 200℃，然后冷却，这种热处理过程即为回火处理。回火处理能使材料内部组织稳定，以此增加韧性。

4）退火处理用来增加柔软性。材料加热后，慢慢冷却，这种热处理过程即为退火处理。根据需求，加热温度会有所不同。

2. 高强度钢的修复

整体性车身修复中，不能应用产生大量热量的焊接方式（如氧乙炔焊、电弧焊等），

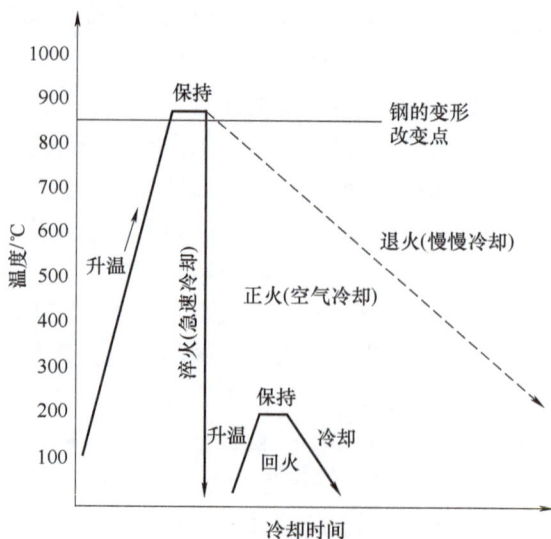

图 7-2　不同热处理方式与温度的关系

而应选择产生热量少的焊接方式（如惰性气体保护焊、电阻焊等）。

为了消除钢板内部的应力，在修复中选择对钢板进行加热时，禁止用过度加热的方式来软化钢板以达到方便修复的目的。加热时，应选用热敏材料控制加热温度，消除应力的加热方式要求温度不要超过 200℃。

二、汽车钣金快修工艺（免喷漆）

对于金属无折痕、损伤面积小、无延展的表面凹陷的金属板件，可以采用不破坏油漆表面的修复方法，这样既节省了大量时间和劳动，又避免了重新油漆带来的配色问题，常用的两种方法有黏结修复法和微钣金修复法。

免喷漆凹陷修复技术是基于力学、热力学和光学等原理来实现的，凹陷的位置和程度是利用光折射的视觉效果来判断的，将车身凹陷处的张力释放是应用杠杆原理来按摩车身内部纤维。通过应用上述原理，凹陷处会逐渐恢复原状，以实现对车身凹陷快速、准确、完整的修复。同时，使用面镀膜技术，辅助修复后的汽车表面会更加光亮如新。

1. 黏结修复法（图7-3）

黏结修复法是不损伤漆面的钣金修复方法，其原理是使用黏结方法将介子（衬垫）固定在变形部位，然后在变形区域进行拉伸校正，最后借助溶剂把黏合剂去掉，使变形区域的变形被修复，但表面油漆没有破坏。使用黏结修复法的过程中，热溶胶枪、修复胶棒、溶胶拉拔接头、照明灯和稀释剂等是常用的黏结拉伸工具（图7-4）。

图 7-3　黏结修复法

图 7-4　黏结拉伸工具

黏结修复法流程如图7-5所示。

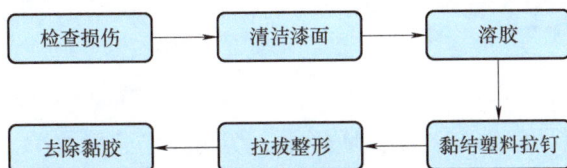

检查损伤 → 清洁漆面 → 溶胶 → 黏结塑料拉钉 → 拉拔整形 → 去除黏胶

图 7-5　黏结修复法流程

157

2. 微钣金修复法

微钣金修复工具包括几十种不同形状类型的凹陷撬镐、各种锤头的硬质木锤、铅笔形状的硬质锥形木条、凹陷专用修复投影灯等，如图 7-6 所示。

对凹陷进行修复时的操作步骤如下：

1）首先做好标记，根据标记识别车身外部板件微小凹痕部位（图 7-7）。

2）在需要修复的地方放置灯光（图 7-8）。借助灯光的照射，可以仔细观察到凹陷部分在维修过程中的变化，从而便于及时调整维修操作。图 7-9 可以清楚地看到投影线条，在未受影响的区域，投影线呈现出均匀的直线或曲线，而凹陷损伤区域呈现出漩涡状或不规则的投影线。

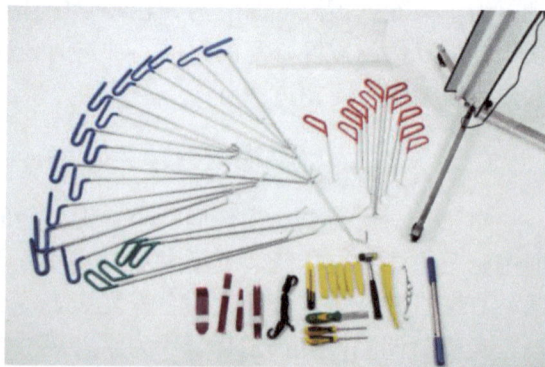

图 7-6　微钣金修复工具

3）修复微小凹痕的工具与常规的钣金工具不尽相同，由于修复时的力小而柔和，因此工具小而精致。

4）将微钣金撬镐轻轻深入到凹陷背面，进行顶压。在操作中，力应均匀、细小而柔和。一次不要用力过大，防止大变形而修复失败。撬动凹陷部位如图 7-10 所示。

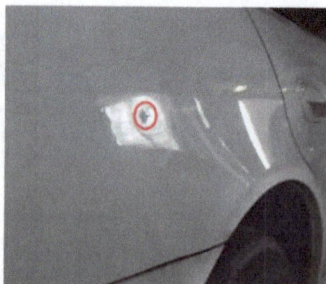

图 7-7　标出车身上微小凹痕

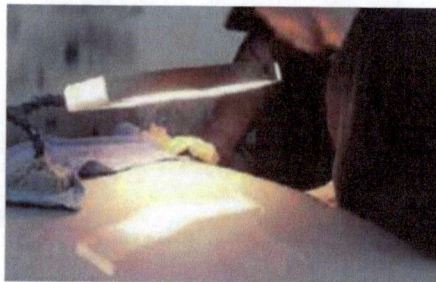

图 7-8　安装照明灯

图 7-9　投影线条

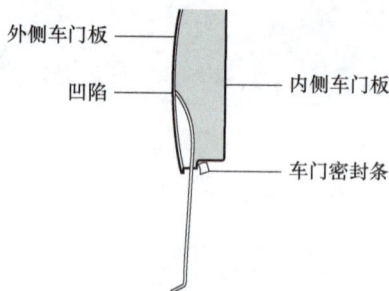

外侧车门板
凹陷
内侧车门板
车门密封条

图 7-10　撬动凹陷部位

5）用微钣金锤轻敲凹陷部位，动作应轻柔，切忌损伤漆面。

6）在修复好的凹陷部位，如果油漆表面有细微磨损，应使用研磨膏进行研磨抛光（图 7-11）。

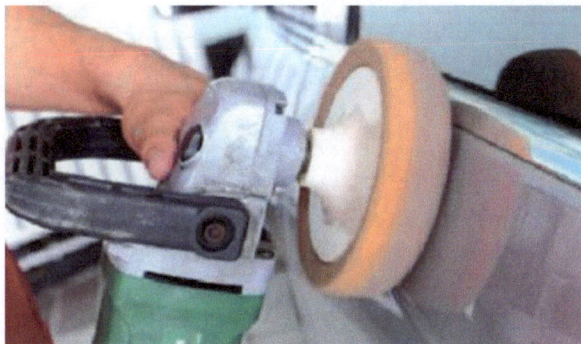

图 7-11　对修复的部位抛光处理

三、免喷漆电磁凹陷修复仪

与传统钣金修复设备相比，免喷漆电磁凹陷修复仪对现场的要求低、投资少，且见效快，能够满足更高的汽车维修要求，如图 7-12 所示。该修复仪对弹性钢板金属车身凹坑有效，离钢板中心越近，修复越容易。

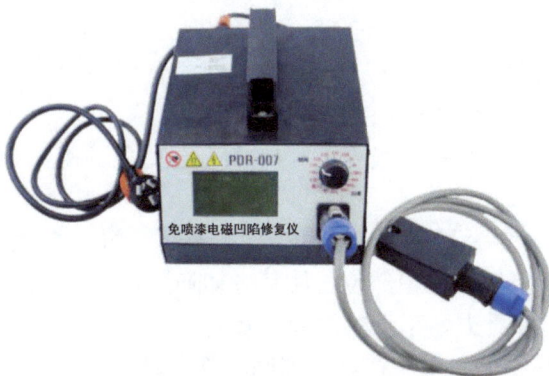

图 7-12　免喷漆电磁凹陷修复仪

1. 免喷漆电磁凹陷修复仪适用范围（图 7-13）

（1）免喷漆电磁凹陷修复仪适用于圆润的凹陷

1）平缓的凹陷，如冰雹坑等形状。

2）专业 PDR 凹陷修复工具处理后的凹陷。

3）其他各种凹陷的辅助修复等。

（2）免喷漆电磁凹陷修复仪不适用的凹陷类型

1）死角或拉伸程度过大的凹陷。

2）钣金修复过的部位或是车身漆面有过创伤的凹陷。

3）车漆一些折痕部位，或有直角的凹陷部位（如筋线、折线处）。

4）铝质车身不适用。

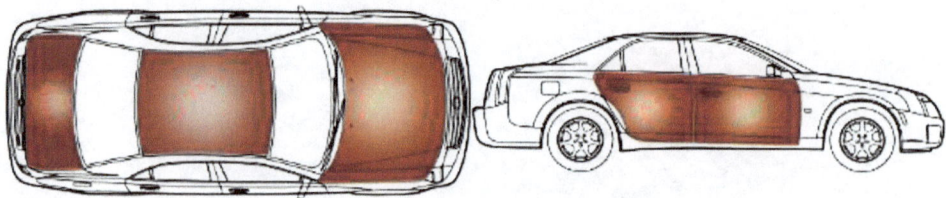

图 7-13　免喷漆电磁凹陷修复仪适用范围

2. 免喷漆电磁凹陷修复仪使用注意事项

（1）免喷漆电磁凹坑修复仪使用前注意事项

1）使用设备前，请佩戴好防护面罩、防护手套和工作服，防止操作中烫伤。

2）修复人员不可佩戴任何金属物品（如手表、项链、钥匙、皮带扣、硬币、拉链等）。

3）设备不可在有导电性粉尘区、喷涂工作区、化工燃料工作区、高温度区、高湿度区进行工作。

4）设备通电后，旁边不可放置可燃物。

5）为了防止操作不当引发的意外火情，请备好灭火器。

6）不应在装有安全气囊的附近区域使用此工具。

7）设备接通电源后，需有人看守设备。不使用时，请断开交流电源。

8）设备存放温度要保持在 0~50℃，设备移动时应避免振动。

（2）免喷漆电磁凹陷修复仪使用中注意事项

1）在修复受损车身的过程中，修复头和机身的温度会迅速上升，设备、机身、修复头冷却前，请勿用手触摸，以免烫伤。

2）在修复过程中，修复头和车身的温度会迅速上升，切忌长时间操作单个受损部位（每操作 1~1.5s 后用湿毛巾反复擦拭受损部位，使其冷却降温），避免温度太高而伤及车漆。

3）在修复过程中，修复头和车身的温度会迅速上升，车身会瞬间发生微弱的软化。在此期间，注意修复头不要压下，以免在软化瞬间增加凹部。

3. 免喷漆电磁凹陷修复仪使用步骤

1）连接线的一端应对准修复仪前端插口，逆时针旋转插入（图 7-14）。

2）连接线的另一端应对准电磁修复头的插口，逆时针旋转插入（图 7-15）。

3）将电源线连接到修复仪上，并接通电源（图 7-16）。

4）打开开关，开关按钮灯光亮起表示电源接通成功。

5）根据凹痕大小调整功率即可正常使用（图 7-17）。

图 7-14　连接修复仪前端插头

图 7-15　连接电磁修复插头

图 7-16　连接电源插头

图 7-17　根据凹痕大小调整功率

4．免喷漆电磁凹陷修复仪使用方式

1）围绕凹陷部位中线点，从外向内做旋转修复。

2）从凹陷部位的一端划向另一端。

3）对于特别小的凹坑、凹痕，修复头垂直在凹陷部位上方。

四、车身铝板件修复

纯铝及铝合金有优良的性能，因此被广泛应用于汽车车身（如装饰件、覆盖件、结构件），但是应用铝合金制作的车身钣金或构件，受到损坏后很难修复，因为铝合金板件很软，当铝板件受到加工硬化后，很难再加工成形。

1．铝的性能

铝（Al）是银白色轻金属，有良好的延展性、密度小（$2.72g/cm^3$）、熔点低（660℃），铝质商品常制成片状、带状或丝状等。铝易溶于稀硫酸、硝酸、盐酸、氢氧化钠和氢氧化钾溶液，难溶于水。铝的优良性能主要简介如下：

（1）轻量性　铝的相对密度仅为钢铁的三分之一，铝及铝合金等金属逐步取代钢板，广泛应用于汽车。

（2）耐蚀性　铝在空气中表面会形成氧化膜薄层，可以隔绝空气中的氧气，防止进一步氧化，有保护作用。如果对铝的表面进行各种不同的处理，其耐蚀性会更好，可在室外以及较为恶劣的环境中使用。

（3）导热性　铝的导热性能极好，在冷气机散热片、热交换器方面应用很广泛。

（4）可加工性好　可加工成棒、线、挤型材。在铝的用量方面，挤型材占有很大的比例。

（5）再生性　铝的价格虽然高于一般的碳钢，但是易于回收并重熔再度使用。

（6）无磁性　铝没有磁反应，几乎不受电磁场的影响，本身不带磁，适用于必须用非磁性的各种电器机械。

（7）成形性好　适合于各种成形加工要求，这方面的典型应用有铝轮圈、天花板嵌灯灯罩、铝锅等。

基于铝的性能，在航空、建筑、汽车三大重要工业领域，铝及铝合金应用极为广泛。

2．车身铝板件修复方法

铝合金车身修复除了铆接工艺外，其修复方法与传统的车身钢板维修有很大不同。

（1）用锤子和垫铁修复　在钣金维修中，锤子是最基本的工具，其形状多样，作用也不同。因为铝板强度低，不能使用常规钢板的修复工具。为了防止在铝板修复中对铝板敲击过重产生再度拉伸，常使用橡胶锤、木锤和木垫铁（图 7-18）。

图7-18　修复铝板使用的橡胶锤、木锤和木垫铁

1）初修。初修弯曲区域常使用塑料锤、木锤、铝锤或平头锤（图7-19）。如果操作有困难，可对该区域加热修复。修复边角线时，可从背面轻敲铝合金板，以避免刮伤和敲伤面板。

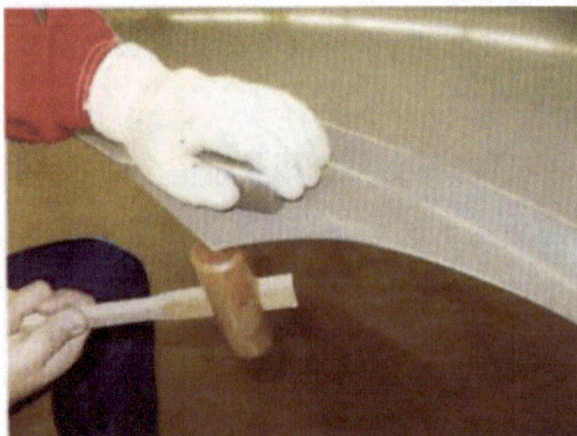

图7-19　铝板初修复

2）虚敲。将顶铁放置于凸缘表面，使用虚敲法压平外板。用木锤敲打面板凸起部分，用平锤修复不均匀。需要注意的是，铝合金板柔软易被延展，敲击过程中必须轻柔准确。上述修复步骤完成后，如果铝合金表面刚度较差，应进行热收缩。

（2）铝板凹陷的撬起　用尖锤或杠杆撬起铝板时，主要应针对铝板上出现的小范围凹陷。但是需要注意的是凹陷处不能升高太多，更不能拉伸柔软的铝。

（3）弹性敲击铝板　进行弹性敲击时，常使用铁锤和修平刀，以此释放高隆起处的应力。修平刀会将敲击产生的力分散到一个较大的范围，使坚硬折损处弯曲的可能性减小。

（4）用锉修平铝板　用锉修平铝板时，应减轻手施加在车身锉上的压力，因为铝很软。应该注意的是要使用圆形边缘的车身锉，以避免擦伤金属。

（5）铝板的打磨（图7-20）　在铝板上进行打磨时，需要注意的是高速砂轮机上粗糙的砂轮容易产生高温，从而烧伤柔软的铝，而且打磨过程中产生的热量能够使铝板弯曲。根据需要，我们可以使用36号粒度的疏涂层砂轮。此外，打磨时要特别注意，只能去除油漆层和底层涂料层，不可以切割到金属层。打磨2~3次后，可以使用湿抹布冷却金属。使用双向砂轮机或电机抛光机作业时，转速设定应低于2500r/min，适用于小范围和薄边的打磨。这里建议使用粒度为80号或100号的砂纸或柔软、能变形的砂轮垫块进行打磨。

图7-20　铝板打磨

（6）铝板的收缩　由于拉伸或敲击时用力过大，极易形成隆起变形，因此需要对变形的板件进行收缩处理以恢复到正常的板件高度。进行加热处理时，温度不宜过高，因为板件会产生大量的变形或熔化，最终导致修复失败。收缩处理程序和钢板收缩程序类似。对铝板用铜电极触头或碳棒进行热收缩分别如图7-21及图7-22所示。

图7-21　对铝板用铜电极触头进行热收缩

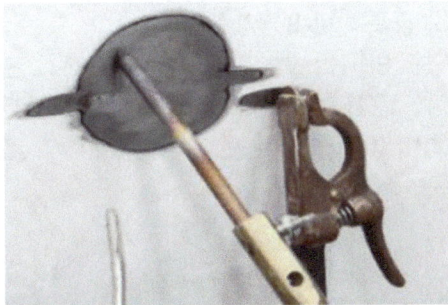

图7-22　对铝板用碳棒进行热收缩

（7）用铝外形修复机修复铝板凹陷　铝板外形修复机和钢板外形修复机在结构上不一样。由于铝的电阻是钢板的1/5~1/4，因此对铝焊接时的电流就需要是钢铁焊接时的4~5倍，这么大的电流很难做到。此外，铝板外形修复机没有线圈变压器，里面有十几个大容量的电容，然后通过所有电容在瞬间放电来焊接。铝外形修复机如图7-23所示。

铝焊钉的尖端与板件接触，铝修复用的专用铝焊钉如图7-24所示。它接触面积小，电阻大，接触点产生热能大，焊接方便。如果铝焊钉没有尖头，就不能使用，因为接触面积这么大的焊接电流不能焊接。因此，铝焊钉是一次性的，不能重复使用。

图 7-23　铝外形修复机

图 7-24　铝修复用的专用铝焊钉

用铝外形修复机时的修复步骤：

1）清除干净氧化层，使焊接牢固。

2）在焊炬上安装焊钉，然后接通铝焊机的电源，调整合适的电流大小。

3）用一定的力将焊钉压在板件上（力不能太大也不能太小），通电后，焊钉会焊接到铝板上。

4）将拉拔连接件拧到焊钉的螺纹上。

5）借助拉拔连接件拉拔板件凹陷处。动作要轻，力量不要过猛，要慢慢加大，防止局部变形过大。同时，可以用钣金锤对拉伸部分敲击整形。

6）拉拔完毕后，应使用尖嘴钳清除焊接在表面的焊钉。

7）用锉或打磨机打磨平整焊接部位。由于铝板在空气中极易形成的氧化膜已阻止了进一步氧化，所以，铝板修复完成后不用单独进行防腐处理。

3. 车身铝板的焊接

铝板和钢板的焊接有不同的特性，它比钢的焊接困难得多。铝的熔点低，热导率约为钢的 3 倍，而且在受热时没有明显的颜色变化，因此不能根据颜色变化准确判断熔点。铝板焊接只能用氩气作为保护气（即氩弧焊），常采用熔化极惰性气体保护焊和钨极氩弧焊两种焊接方式。

（1）焊接铝板注意事项

1）穿戴好个人防护用品，避免被电弧灼伤或被焊接烟尘损伤身体。

2）注意安全用电。

3）使用防溅剂，防止焊接铝件时有严重飞溅。

4）焊接铝板时，保护气体的数量要比焊接钢板时增加约 50%。

5）铝板的焊接要注意防止焊接变形。

6）只能采用前倾焊法，即只能向前推，不能向后拉，并且焊炬应接近于垂直。

7）为保证焊接电弧集中和焊接质量，钨极必须保持合适的尖端。

8）避免钨极粉末污染环境和身体受到辐射伤害，打磨钨极时要用专用的打磨设备。

9）铝板焊接应在通风良好的工作区域进行。

（2）用熔化极惰性气体保护焊焊接铝件　这种方法比其他焊接方法更容易获得好的效果，因为用熔化极惰性气体保护焊焊接可以进行自清理作用，随着焊炬的推进，可清除焊接部位的氧化膜。

操作步骤：

1）使用干净的抹布、除蜡剂和除油剂彻底清除焊件焊接部位正面和反面。对于表面有漆的焊件，可用打磨机打磨干净，然后使用不锈钢丝轮清理，直到裸露的金属发亮为止，最后放到烘干箱预热。

2）焊接时必须用 100% 的纯氩气换掉原来的 CO_2。焊接时要注意调节好气体流量，相比于钢焊接要增大 50%。

3）安装铝焊丝到焊机上，扳动焊枪扳机，使焊丝伸出喷嘴。特别注意送丝速度要比焊接钢板时快。

4）检查焊炬，铝件焊接必须要使用适合铝焊丝的导管和焊炬。如果焊丝末端有熔球头，必须剪掉。

5）把焊件放好，定位后进行焊接。

（3）用钨极氩弧焊焊接铝件　钨棒作为电极是钨极氩弧焊与上述不同之处，在焊接时，钨棒会产生极高温度的电弧，但是其本身没有熔化，和白炽灯的钨丝类似，可以反复使用。

操作步骤：

1）用刷子、抹布除掉铝板上的污物，用除油剂或丙酮、汽油等以及干净抹布彻底擦拭铝板的正反面。将铝焊丝和铝板放进氢氧化钠溶液中浸泡十几分钟，用清水洗干净；最后将铝焊丝和铝板放置于稀硝酸溶液中和几分钟，用清水洗干净，放进烘干箱烘干。

2）铝焊丝和铝板用细不锈钢丝刷清理，直至呈现金属光泽。

3）依照焊接铝合金要求，准备好纯氩气，用交流电焊接，调节好各项参数和焊炬，使钨极伸出喷嘴。

4）定位焊接后，即可进行正常焊接。

（4）铝板件修复流程　铝板件修复流程如图 7-25 所示。

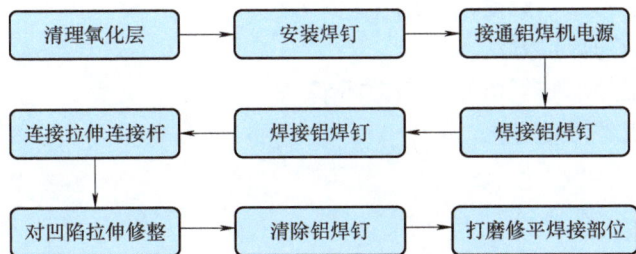

图 7-25　铝板件修复流程

任务练习

1．判断题

1）低碳钢加热时，随着钢板温度的升高，其强度和刚度会随着下降，停止加热，温度下降到常温后，它的强度又会恢复到原来的程度。　　　　　　　　　　　　　（　　）

2）对高强度钢材高温加热其表面，其外观及结构形状会随温度的升高而发生变化。   （   ）

3）对铝板进行打磨时，打磨2~3次后，用一块湿布使金属冷却，以免在打磨过程中产生热量使铝板弯曲。   （   ）

4）钢板和铝板修正使用的工具是相同的。   （   ）

5）铁锤在垫铁上敲击法适用于修理较小、较浅的凹陷和折损，也可以用这种方法来延伸金属，使其恢复原来的形状。   （   ）

2. 单选题

1）钢材的热处理通常有（   ）。

　A. 正火处理　　　　B. 回火处理　　　　C. 退火处理　　　　D. 以上都是

2）板件变形后，在弯曲部位强度会（   ）。

　A. 增强　　　　　　B. 不变　　　　　　C. 下降

3）铁锤在垫铁上的敲击法和铁锤不在垫铁上的敲击法是（   ）。

　A. 前者拉伸金属，后者整平金属

　B. 前者整平金属，后者拉伸金属

　C. 都是拉伸金属

4）用氧乙炔对铝板进行热收缩时，加热温度应控制在（   ）℃。

　A. 300~425　　　　B. 400~525　　　　C. 400~425

5）在使用垫铁、钣金锤和外形修复机都可以修复的情况下，使用（   ）可以省时省力。

　A. 垫铁、钣金锤　　B. 外形修复机　　　C. 两种工具都

3. 简答题

1）简述钢材热处理种类。

2）简述免喷漆电磁凹陷修复仪使用注意事项。

3）简述车身铝板的焊接方法。

4）简述如何用铝外形修复机修复铝板凹陷。

5）简述车身铝板件修复方法。

参考文献

［1］周贺，张传慧. 汽车钣金与喷漆［M］. 北京：北京理工大学出版社，2010.

［2］冯培林. 汽车钣金维修技术［M］. 北京：化学工业出版社，2010.

［3］邓文英. 金属工艺学：下册［M］.4 版. 北京：高等教育出版社，2005.

［4］和豪涛. 汽车车身修复技术［M］. 北京：机械工业出版社，2017.

［5］吴云溪，卞青青. 汽车车身修复技术［M］. 北京：电子工业出版社，2015.